| 명문동양문고 |

道德經

노자
명언

金東求 편저 **100**

明文堂

老子 &《노자 도덕경》

노자에 대해서 사마천은 그의 불후의 명저 《사기(史記)》 노자·한비(韓非)열전에 이렇게 기록하고 있다.

『노자는 초(楚)나라 고현(苦縣 : 하남 녹읍) 여향(厲鄕) 곡인리(曲仁里) 사람으로 이름을 이(耳), 자(字)를 담(聃), 성을 이(李)라 했으며, 주(周)나라의 장서고(藏書庫) 기록관이었다.

공자가 주나라에 갔을 때, 노자와 만나서 『예(禮)』에 대하여 물었다. 여기서 『예』란 주나라의『예』를 말한다. 일반 귀족들의 모든 행위를 규범화한 합리적인 형식을 이르는 말로서 『의(儀)』와 통하며, 『인(仁)』의 출발점이자 귀결점으로, 공자에게 있어서는 이상적인 지배의 질서이며, 한 나라의 근본원리였다.

공자의 물음에 노자는 이렇게 대답했다.

"당신이 흠모하는 옛날의 성인도 그 몸은커녕 뼈까지 썩어 빠져서 지금은 다만 덧없이 그 말만이 남아 있을 뿐이오. 아무튼 군자란 때를 만나면 수레를 타는 귀한 몸이 되지만, 때를 만나지 못하면 하잘것없는 몸이 되오. '훌륭한 장사치는 물건을 깊이 간직하여 밖에서 보기에는 아무것도 없는 것 같고, 군자는

훌륭한 덕(德)을 몸 속 깊이 간직하여 외모는 어리석은 것처럼 보인다(良賈深藏若虛 君子盛德容貌若愚).'는 말을 들었소. 당신의 고만(高慢)함과 다욕(多欲)함과 산만한 생각은 모두 버리시오. 그것들은 당신에게 아무런 이익도 없는 것이오. 내가 당신에게 말하고 싶은 것은 단지 이것뿐이오."

공자는 돌아가서 제자들에게 말했다.

"새라면 잘 날고, 물고기라면 잘 헤엄치며, 짐승이라면 잘 달린다는 것은 나도 잘 알고 있다. 달리는 것은 그물을 쳐서 잡고, 헤엄치는 것은 실을 담가 낚고, 나는 것은 주살을 가지고 맞춰서 떨어뜨릴 수가 있다. 그러나 용(龍)에 이르러서는 바람과 구름을 타고 하늘에 오른다고 하니, 나로서는 그 실체를 알 길이 없다. 나는 오늘 노자를 만났는데, 마치 용 같다고나 할까, 전혀 잡히는 바가 없구나."

노자는 허무청정(虛無淸靜)의 도(道)인 덕을 닦았으며, 그 학문은 스스로 재능을 감추어 무명(無名)으로 있기를 그 요지(要旨)로 했다. 오랫동안 주(周)나라에 있었는데, 주나라가 쇠미해지자, 마침내 그곳을 떠나서 관(關 : 함곡관)에 이르렀다. 관의

관리 윤희(尹喜)가 청했다.

"선생은 이제 은둔하실 몸, 애오라지 저를 위해 글을 지어 주십시오."

노자는 상하 2편의 글을 지어서 도덕의 뜻을 5천 자 남짓하게 써 냈는데, 그 후 노자의 최후를 본 사람은 아무도 없었다. 어떤 사람에 의하면 노래자(老萊子)는 초나라 사람으로 15편의 글을 지어 도가(道家)의 깊은 뜻을 밝혔는데, 공자와는 동시대 사람이라고 한다.

사마천은 노자와 노래자가 같은 사람일 것이라는 생각이 들어 이곳에 기록한 것이다. 《열선전(列仙傳)》에 의하면 노래자는 춘추시대 말기 초나라의 은사로서, 당시 세상이 혼란스러워 몽산(夢山) 남쪽에서 농사를 지으며 숨어 살았는데, 효행이 뛰어나 초나라 왕이 이곳까지 와서 그를 맞이했다고 한다.

노자는 향년(享年) 160여 세라 했고 또는 200세라고도 했다. 장수한 것은 도덕을 닦고 양생(養生)을 했기 때문이리라.

공자가 세상을 떠난 지 129년, 사관은 이렇게 기록하고 있다.

"주(周)나라 태사(太史) 담(儋 : 노자의 별명, 담聃과 같은

음)이 진(秦)나라 헌공(獻公)을 알현하고 말하기를, '진나라는 처음 주나라와 합하고, 합한 지 5백 년에 갈라지며, 갈라진 지 70년에 패왕될 자가 나타날 것이다.'라고 하였다."

어떤 사람은 이 담이야말로 노자라고 하고, 또 어떤 사람은 이것을 부정하여 세상에 진위를 아는 사람은 없다고 했다. 요는 노자는 은군자(隱君子)이다. 노자의 아들은 이름을 종(宗)이라 했으며, 위(魏)나라의 장군이 되었고, 봉함을 받아 단간(段干 : 위나라의 읍명)을 영지로 받았다. 종(宗)의 아들은 이름을 주(注)라 했고, 주의 아들은 궁(宮), 궁의 현손(玄孫)은 가(假)로서, 가는 한(漢)나라 문제(文帝)를 섬겼다. 가의 아들 해(解)는 교서왕(膠西王) 앙(卬)의 태부(太傅)가 되었으며, 그 이후 제(齊)나라에 정주했다.

세상에서는 노자를 배우는 사람은 유학을 배척하고, 유학도는 또 노자학을 배척한다.

"길이 같지 않으면 서로 꾀하는 바도 같이하지 않는다."라고 한 것은 아마 이런 일을 두고 한 말일 것이리라.』

《노자 도덕경》이라고도 일컫는 《노자》는 제자백가(諸子百家)가 상당히 흥성하던 무렵부터 한(漢)나라 때까지 도가사상의 본원이다. 《노자》의 주된 사상은, 인의(仁義) 등 도덕이나 지식에 의하여 인위적으로 인민을 통치하려고 하는 유가(儒家)에 대하여, 도덕·지식을 버리고 무위자연(無爲自然)에 의한 정치사상과, 무위부욕(無爲無欲), 겸양에 의한 처세술이다.

무위자연이란 꾸밈이 없이 자연의 순리에 따른 삶을 의미한다. 여기서 무위(無爲)는 인위(人爲)의 반대 개념이다. 여기서 무위의 반대 개념인 인위는 공자의 유가 사상을 말한다. 그리고 노자가 말한 무위자연은 개인적인 삶의 기준이 아니라, 유가의 인위적인 통치에 반대하는 국가적 통치방법을 말한다.

공자·맹자의 유교사상은 박학다식한 유자(儒子)들이 천하를 통치하고 예절에 의한 제도를 완비하여 백성들 위에 군림하여 천하에 평화를 유지하자는 것인 반면, 도가의 무위자연 사상은, 모든 백성으로 하여금 천지만물의 생성자인 도(道)를 통하여 이 세상을 스스로 다스려 나가자는 사상이다.

　따라서 도가사상은 일체의 인위적인(有爲) 것을 배제하고 무위자연 속에서 자유로운 삶을 추구하는 것이다.

　이 세상은 모두 관계로 인하여 존재한다. 존재는 모두 상대적이며, 모든 가치도 또한 상대적이라는 것을 말한 것이다. 이러한 사고방식은 노자의 인식론의 기본을 이루고 있으며, 또한 우주 구성의 원리이기도 하다.

　상식의 세계에 있어서 無라는 존재는 없다. 존재하는 것은 有이다. 그러나 노자 식으로 말한다면 無 없이 有는 존재할 수 없다. 無와 有의 이 관계를, 방과 창(窓)은 공간 즉 無가 있음으로 해서 방이라든가 창으로서 존재한다는 비유로 나타낸다.

　《노자》모두(冒頭)의 유명한 말로서, "無를 이르기를, 하늘과 땅의 처음이라 하고, 有를 이르기를, 온갖 것의 어미라 한다(無名天地之始 有名萬物之母)."라고 말하는 것도 유무의 관계를 풀이해 주는 것으로 보아도 좋다.

　무가 有인 천지를 낳고, 더욱 발전하여 만물을 낳는다. 無가 있은 다음에 有가 있다는 것은 시간적으로 無가 먼저 존재한다

는 것은 아니다. 有와 더불어 無가, 無와 더불어 有가 존재한다고 보아야 될 것이다.

따라서 유명의 것도, 무명의 것도 실은 하나라고 말해도 좋다. 절대의 세계에 서면, 有도 無도 하나인 것이다. 이 하나를 체득하는 것을 노자는 『포일(抱一)』이라든가, 『포박(抱朴)』이라든가 하는 말로 나타냈다. 하나를 품은 인간은 조화를 이룬 통일을 얻을 수가 있다. 하나(一)라고 하는 것은 또한 노자가 말하는 현묘한 도이며, 자연이며, 실재(實在)이다.

있다는 것은 없다는 것을 전제로 했을 때에만 드러나는 것이다. 이 말은 모든 세상 사물과 자연의 이치가 상대적인 비교에서만 파악할 수 있다는 것으로, 불교의 "모든 유형(有形)의 사물은 공허(空虛)한 것이며, 공허한 것은 유형의 사물과 다르지 않다"는 『색즉시공공즉시색(色卽是空空卽是色)』이라는 말과도 통한다.

능력 있는 자를 높이지 않아 백성들이 공명을 다투지 않도록 하고, 얻기 어려운 재물을 귀히 여기지 않아서 백성들이 도

둑질하지 않도록 하며, 욕심낼 만한 것을 보이지 않아서 백성들이 문란함에 빠지지 않도록 한다(不尙賢 使民不爭 不貴難得之貨 使民不爲盜 不見可欲 使民心不亂).

이 때문에 성인이 다스릴 때는 마음을 비우게 하고 배를 채우며, 뜻을 약하게 하고 뼈를 강하게 하여 항상 백성들이 무지무욕하도록 한다. 무릇 지식이 있는 자가 감히 무엇을 하지 않게 하라. 억지로 하지 않도록 하면 다스려지지 않음이 없다.

배움은 날마다 더하는 것이고, 道는 날마다 덜어내는 것이다. 덜어내고 또 덜어내면 무위(無爲)의 경지에 이른다. 무위하면 되지 않는 것이 없다(無不爲). 언제나 (굳이) 하지 않음으로써 천하를 얻는 것이지, (굳이) 하려고 하는 데 이르면 천하를 얻기에 부족하다(爲學日益 爲道日損 損之又損 以至於無爲 無爲而無不爲 取天下常以無事 及其有事 不足以取天下).

이와 같이 무위는 인식의 오류로 말미암아 혼란해진 자기 자신을 정화함으로써 본래의 자연스러움을 회복하려는 자기수양이며, 동시에 세상을 다스리는 통치술이다.

노자 명언 100

목 차

道德經

노자 명언 100
老子　　名言

제1장

道를 道라고 말할 수 있으면 진정한 道가 아니다

| 道可道, 非常道. 名可名, 非常名. 無名天地之始. 有名萬物之母. 故常無欲以觀其妙. 常有欲以觀其徼. 此兩者同出而異名, 同謂之玄. 玄之又玄, 衆妙之門. |

道를 道라고 말할 수 있으면
진정한 도가 아니다.
이름을 이름 지으면 늘 그러한 이름이 아니다.
無를 이르기를, 하늘과 땅의 처음이라 하고
有를 이르기를, 온갖 것의 어미라 한다.
그러므로 늘 바람(欲)이 없으면
그 묘함을 보고,
늘 바람이 있으면
그 가장자리를 본다.
이 둘은 같이 나와 이름을 달리하며,
그 같음을 현묘하다고 한다.
현묘하고 또 현묘하도다!
뭇 묘함이 모두 그 문에서 나온다.

*可道 ; 말할 수 있는 도.

*常道 ; 항상 변하지 않는 도.

*可名 ; 이름 부를 수 있는 이름.

*常名 ; 늘 그러한 이름.

*徼(요) ; 미묘하다.

*衆妙(중묘) ; 많고도 훌륭한 도리. 모든 묘리(妙理).

*衆妙之門 ; 우주의 삼라만상을 만들어 내는 것. 모든 묘
  리(妙理)가 나오는 근원. 妙는 영묘한 것, 뛰어난 것. 門
  은 물건이 생겨나는 곳.

*玄之又玄(현지우현) ; "오묘(奧妙)하고 또 오묘하다"라
  는 뜻으로, 道의 광대무변함을 찬탄한 말.

■ 道可道 非常道 名可名 非常名
  도 가 도   비 상 도   명 가 명   비 상 명

  "도를 도라고 말해질 수 있으면 진정한 도가 아니다. 이
름을 이름 지으면 늘 그러한 이름이 아니다."

  {말할 수 있는 도(道)는 진정한 도가 아니라는 뜻으로, 도
는 말로써 한정할 수 있는, 개념화할 수 있는 성질의 것이
아님을 일컫는 《노자도덕경(老子道德經)》 사상의 중심 개
념이다.}

【成語】도가도비상도(道可道非常道) ; "도를 도라고 말할 수 있으면 진정한 도가 아니다."

이때 도는 진리나 길로 바꾸어도 무방하다. 말할 수 있는 도(道)는 늘 그러한 도가 아니라는 뜻으로, 도(진리)는 말로써 한정할 수 있는 성질의 것이 아님을 일컫는 노자 사상의 중심 개념이다. 노자가 한 말인데, 원래 노자의 의도는 언어에 대한 불신보다는 참된 도는 언어를 떠난 존재라는 자기 생각을 강조한 것으로 보인다.

"도를 도라고 말할 수 있으면 이미 영원한 도가 아니다. 이름을 이름 지으면 늘 그러한 이름이 아니다. 이름이 없는 것을 하늘과 땅의 처음이라 하고, 이름이 있는 것을 온갖 것의 어미라 한다. 그러므로 늘 바람이 없으면 그 묘함을 보고, 늘 바람이 있으면 그 가장자리를 본다. 이 둘은 같은 것이다. 사람의 앎으로 나와서 이름을 달리했을 뿐이다. 그 같음을 현묘하다고 한다. 현묘하고 또 현묘하도다! 뭇 묘함이 모두 그 문에서 나온다(道可道 非常道 名可名 非常名 無名天地之始 有名萬物之母 故常無欲以觀其妙 常有欲以觀其徼 此兩者 同出而異名 同謂之玄 玄之又玄 衆妙之門)."

노자는 도의 본체는 말로 표현될 수 없다고 보았다. 때문에 도를 말할 수 있다면 그것은 참된 도가 아니라고 하였다.

이는 불가에서 말하는 참된 진리는 이심전심(以心傳心)과 일면 상통하는 측면이 많다.

■ 無名天地之始
_{무 명 천 지 지 시}

"천지가 시작될 때에는 이름이 없었다."

{노자는 무(無)를 하늘과 땅(地)보다 앞선 것이라 보고, 그 무가 하늘과 땅, 즉 유(有)를 낳는다고 보고 있다. 만물 생성의 근본인 이름이 없는 것, 즉 『無名』은 道를 가리키고, 그 『無名』이 천지의 시초이며, 만물의 모체(母體)인 것이다. 이것은 노자의 근본사상을 나타내는 말이다.

無가 有인 천지를 낳고, 더욱 발전하여 만물을 낳는다. 無가 있은 다음에 有가 있다는 것은 시간적으로 無가 먼저 존재한다는 것은 아니다. 有와 더불어 無가, 無와 더불어 有가 존재한다고 보아야 될 것이다. 따라서 유명의 것도, 무명의 것도 실은 하나라고 말해도 좋다. 절대의 세계에 서면, 有도 無도 하나인 것이다.}

■ 有名萬物之母
_{유 명 만 물 지 모}

"『유(有)』는 만물의 어미를 이름 지은 것이다."

{따라서 『無』와 『有』는 늘 그러한 이름이 아니다. 그러므로 늘 그러한 『無』는 그 묘한 영역을 나타내고, 늘 그러한 『有』는 그 경계를 나타낸다. 이 두 가지가 함께 일컫는 그것이 현묘하고 현묘하다(故常無欲以觀其妙 常有欲以觀其徼 此兩者同出而異名 同謂之玄).}

■ 玄之又玄 衆妙之門
　　　현 지 우 현　　중 묘 지 문

　"유현(幽玄)하고 또 유현한 것은 중묘(衆妙)의 문(門)이다."

　*幽玄 ; 사물의 이치 또는 아취(雅趣)가 헤아리기 어려울 만큼 깊음.

　{도(道)가 만물의 생성 근본이라는 것의 다른 표현이다. 현(玄)은 노자의 道를 지칭한다. 道가 만물을 낳는 것이라서 문(門)이라 한다. 중묘(衆妙)란 우주간의 삼라만상을 말한다. 현지우현(玄之又玄)은 유현(幽玄) 중의 유현한 것을 말한다.

　현(玄)은 검은색이지만, 보통 검은색이 아니라, 적(赤)과 흑(黑)이 섞인 검은색이다. 노자의 道는 無이지만, 이것은 有에 대한 無가 아니고, 유무(有無)를 초월한 無이기 때문에

이렇게 비유한 것이다. 이 같은 뜻의 道는 유현, 불가사의
(不可思議)한 것으로서, 그것이 우주의 삼라만상을 낳는 근
본이라는 것이다.}

제 2장

세상 모두가 아름다움을 아는 것은 추한 존재가 있기 때문이다

| 天下皆知美之爲美, 斯惡已 ; 皆知善之爲善, 斯不善已. 故
有無相生, 難易相成, 長短相形, 高下相傾, 音聲相和, 前後相
隨. 是以聖人處無爲之事, 行不言之教. 萬物作焉而不辭. 生而
不有, 爲而不恃, 功成而弗居. 夫唯弗居, 是以不去. |

세상 모두가 아름다움을 아는 것은
추한 존재가 있기 때문이다.
선이 선인 줄 아는 것은
악한 존재가 있기 때문이다.
있고 없음은 서로를 낳고,
어렵고 쉬움도 서로를 만들며,
길고 짧은 것도 서로가 드러내는 것이며,
높고 낮음도 서로가 보이게 하고,
악기 소리와 목소리는 서로 조화를 이루고,
앞과 뒤는 서로를 따른다.
따라서 성인은 무위의 일에 머무르면서

말 없는 교화를 행한다.

만물이 움직이더라도 억지로 시작으로 삼지 않고,

낳지만 소유하지 않고,

공을 이루어도 그 공에 머물지 않고,

오로지 머물지 않기 때문에

떠남도 없다. (버려야 할 것도 없다.)

*傾(경) ; 기울다.

*音(음) ; 악기소리.

*聲(성) ; 사람의 목소리.

*隨(수) ; 따르다.

*不辭(불사) ; 사양하지 아니함, 마다하지 않음.

*弗(불) ; 不, 아니다.

■ 天下皆知美之爲美 斯惡已 皆知善之爲善 斯不善已
천 하 개 지 미 지 위 미   사 악 이   개 지 선 지 위 선   사 불 선 이

"천하가 모두 아름다운 것이 아름다운 줄만 알면 그것은 추악한 것이고, 모두 선만을 알면 그것은 선하지 않은 것이다."

{천하 사람이 아름답다고 하는 것을 아름다운 것으로 알고 있는데, 그것은 추할 수도 있는 것이다. 모든 사람들이 선한

것을 선하다고 알고 있는데, 그것은 불선(不善)일 수도 있다.

어쨌든 『아름답다』는 말로 무엇을 규정하는 순간 그것은 결코 아름답지만은 않은 것이 된다. 말은 언제나 부족하기 때문이다.

세상의 가치란 것이 얼마나 임의적인가! 선미(善美)와 추악(醜惡)은 서로를 떠받치거나, 자리를 바꾸거나, 서로를 비춰준다. 하나가 없으면 다른 하나도 사라지거나 무너진다.}

■ 有無相生 難易相成 長短相形
　高下相盈 音聲相和 前後相隨

"유(有)와 무(無)는 서로 낳아주고, 어려움과 쉬움은 서로 이루어주고, 길고 짧음은 서로 상대를 드러내주고, 높음과 낮음은 서로 기울여주고, 성(聲 ; 無爲의 소리)과 음(音 ; 有爲의 소리)은 서로 조화를 이루게 하고, 앞과 뒤는 서로 뒤따른다."

{세상만물의 이치를 상대적인 관점에서 볼 것을 가리키는 말. 성(聲)은 마음에서 울려나오는 소리고, 음(音)은 밖에서 절도가 생긴 것이다. 궁·상·각·치·우(宮商角徵羽)는 성이고, 죽관악기·타악기·현악기 등에서 나는 소리는 음이

다.}

【成語】 유무상생(有無相生) ; "있고 없음은 서로 상대하기 때문에 생겨난 것"이란 뜻으로, 세상만물의 이치를 상대적인 관점에서 볼 것을 이르는 말이다.

"천하의 사람들은 모두 이것이 미(美)라고 인지(認知)하지만, 동시에 타면(他面)에 악이 있다는 것을 알아야 한다. 선과 불선과의 관계도 또한 그렇다. 이와 같이 하나의 존재는 그와 대립하는 다른 존재를 인정함으로써 존재한다. 유는 무가 있음으로 해서 존재하고, 난(難)은 이(易)에 의하여, 장(長)은 단(短)에 의하여 존재한다……(天下皆知美之爲美 斯惡已 皆知善之爲善 斯不善已 故有無相生 難易相成 長短相形……)."

이 세상은 모두 관계로 인하여 존재한다. 존재는 모두 상대적이며, 모든 가치도 또한 상대적이라는 것을 말한 것이다. 이러한 사고방식은 노자의 인식론의 기본을 이루고 있으며, 또한 우주 구성의 원리이기도 하다.

상식의 세계에 있어서 無라는 존재는 없다. 존재하는 것은 有이다. 그러나 노자 식으로 말한다면 無 없이 有는 존재할 수 없다. 無와 有의 이 관계를 방과 창은, 공간 즉 無가 있음으로 해서 방이라든가 창으로서 존재한다는 비유로 나타낸다. 또한 "천지 사이는 그것이 마치 탁약(橐籥 : 풀무) 같은 것일까. 속이 비어 있기 때문에 굽히지 않고, 움직이면 얼마든지 바람을 낸다."라는 비유로 나타낸다. 풀무는 無가 있음으로 해서 비로소 풀무로서 존재한다.

이 비유에는 또 하나의 다른 의미를 느낄 수 있다. 풀무는 존재하지만, 활동함에 따라 시시각각으로 모양을 바꾼다. 형태로서 존재하는 것은, 따라서 변화하는 것이다. 생성소멸의 상태를 통하여 계속하는 것이다.

존재가 활동한다는 것은 그러한 것이며, 그 활동을 가능케 하는 것이 無인 것이다. 無는 무한한 힘을 가지고 有를 낳는다. 풀무는 어디까지나 비유이기 때문에, 無와 有의 관계를 완전히 설명할 수는 없다 할지라도 대단히 적절한 비유인 것이다.

《노자》모두(冒頭)의 유명한 말로서, "無를 이르기를, 하늘과 땅의 처음이라 하고, 有를 이르기를, 온갖 것의 어미라 한다(無名天地之始 有名萬物之母)"라고 말하는 것도 유무의 관계를 풀이해 주는 것으로 보아도 좋다.

무가 有인 천지를 낳고, 더욱 발전하여 만물을 낳는다. 無가 있은 다음에 有가 있다는 것은 시간적으로 無가 먼저 존재한다는 것은 아니다. 有와 더불어 無가, 無와 더불어 有가 존재한다고 보아야 될 것이다.

따라서 유명의 것도, 무명의 것도 실은 하나라고 말해도 좋다. 절대의 세계에 서면, 有도 無도 하나인 것이다. 이 하나를 체득하는 것을 노자는 『포일(抱一)』이라든가, 『포박(抱朴)』이라든가 하는 말로 나타냈다. 하나를 품은 인간은 조화를 이룬 통일을 얻을 수가 있다. 하나(一)라고 하는 것은 또한 노자가 말하는 현묘한 도이며, 자연이며, 실재(實在)이다.

있다는 것은 없다는 것을 전제로 했을 때에만 드러나는 것이다. 이 말은 모든 세상 사물과 자연의 이치가 상대적인 비교에서만 파악할 수 있다는 것으로 불교의 『색즉시공공즉시색(色卽是空空卽是色)』이라는 말과도 통한다.

■ <ruby>聖<rt>성</rt></ruby><ruby>人<rt>인</rt></ruby><ruby>處<rt>처</rt></ruby><ruby>無<rt>무</rt></ruby><ruby>爲<rt>위</rt></ruby><ruby>之<rt>지</rt></ruby><ruby>事<rt>사</rt></ruby> <ruby>行<rt>행</rt></ruby><ruby>不<rt>불</rt></ruby><ruby>言<rt>언</rt></ruby><ruby>之<rt>지</rt></ruby><ruby>教<rt>교</rt></ruby>

"성인은 무위(無爲)로써 일을 처리(處事)하며, 무언(無言)으로 가르친다."

{성인은 아무것도 하지 않지만, 그것이 곧 성인의 일이다. 아무것도 하지 않는 것이야말로 그의 가장 큰 일이다. 성인은 말로 가르치지 않지만, 그것이 곧 그의 가르침이다. 말없는 가르침이 그의 가장 큰 가르침이다.

성인은 일을 당하여 아무것도 하지 않는 무위의 상황에 있고, 또한 남을 가르칠 때도 언사(言辭)를 쓰지 않는다.

이 무위의 정치, 무언의 가르침이 성인이 행할 참다운 도(道)이다.}

제3장

잘난 사람을 받들지 않아
백성들이 공명을 다투지 않도록 하라

| 不尙賢, 使民不爭. 不貴難得之貨, 使民不爲盜. 不見可欲, 使民心不亂. 是以聖人之治, 虛其心, 實其腹, 弱其志, 強其骨 ; 常使民無知無欲, 使夫智者不敢爲也. 爲無爲, 則無不治. |

잘난 사람을 받들지 않아
백성들이 공명을 다투지 않도록 하라.
얻기 어려운 재물을 귀히 여기지 않아서
백성을 도둑질하지 않도록 하라.
욕심날 만한 것을 내보이지 않아
백성들의 마음을 어지럽히지 말라.
그러므로 성인이 다스릴 때는
마음을 비우고 배를 채우며,
뜻을 약하게 하고 뼈를 강하게 하여
항상 백성들이 무지 무욕하도록 한다.
무릇 지혜로운 자가 감히 무엇을 하지 않게 하라.
억지로 하지 않도록 하면

다스려지지 않음이 없다.

*尙(상) ; 오히려.
*賢(현) ; 어질다. 여기서 賢은 能과 같은 뜻이다.
*是以(시이) ; 이로 인해, 이 때문에, 그래서.
*無爲(무위) ; 자연 그대로 되어 있고, 사람이 힘들여 함
  이 없음. 인연(因緣)에 의하여 이루어진 것이 아닌 생멸
  (生滅) 불변의 것.

■ 不尙賢 使民不爭

"잘난 사람을 받들지 않아서 백성들이 공명을 다투지
않도록 한다."

{현(賢)은 능(能)과 같은 뜻이다. 받들지 말라는 것은 봉
록을 줌으로써 귀하게 여기지 말고, 관직을 줌으로써 높이
지 말라는 것이다. 공과 명예를 다투지 않으면 자연스러운
본성으로 돌아가게 된다.}

■ 不貴難得之貨 使民不爲盜

"얻기 어려운 재화를 귀하게 여기지 않아서 백성이 도

둑질을 하지 못하도록 해야 할 것이다."

{통치자가 진귀한 보배를 좋아하지 않으면 황금이 산에 버려지고, 진주가 연못에 던져지게 되고, 윗사람이 맑고 깨끗해지면 백성은 탐욕스러운 사람이 없게 된다.}

■ 不見可欲 使民心不亂
　　불견가욕　사민심불란

"욕심날 만한 것을 내보이지 않아, 백성들의 마음을 어지럽히지 말라."

{사람이 하고 싶은 욕망을 가감 없이 드러내게 되면 다른 사람들도 너도나도 덤벼들면서 사람들의 마음이 어지러워진다. 따라서 다른 사람에게 피해를 줄 수 있는 욕망을 살펴보라고 말하고 있는 것이다.}

■ 是以聖人之治 虛其心實其腹 弱其志強其骨
　　시이성인지치　허기심실기복　약기지강기골

"그러므로 성인의 다스림은 그 마음을 비우고 그 배를 채워주며, 그 뜻을 약하게 하고 그 뼈를 강하게 한다."

{성인의 정치는, 모든 생각을 버려, 욕망을 제거하고 번뇌와 어지러움을 없애서 온화하고 부드러우며 겸손하고 사양하여 권세의 자리에 머무르지 않는다. 진정한 도덕적 사고

를 굳혀 배를 채우고, 욕망을 약화시키고 도덕적 뼈를 강화하라는 뜻이다.}

■ 使夫智者不敢爲也
　사 부 지 자 불 감 위 야

"무릇 지혜로운 자가 감히 무엇을 하지 않게 하라."

{나라를 경영함에 있어서 경박한 자신감에 쌓인 사람들이 함부로 날뛰지 못하게 하라는 뜻이다.}

■ 爲無爲 則無不治
　위 무 위 　 즉 무 불 치

"무위로 행하면, 다스리지 못할 것이 없다."

{억지로 하지 않도록 하면 다스려지지 않음이 없다. 무위(無爲)는 아무것도 하지 않고 하는 일이 없다는 뜻이 아니라, 오히려 인위적이거나 자의적인 기교를 부리지 않는다는 뜻이다.

무위(無爲)는 인위적인 조작을 하지 말라는 뜻으로, 존재의 본래의 모습 자체를 이상적으로 보고 있으며, 이것이 구현될 수 있도록 불간섭할 것을 주장한 것이다.

위(爲)는 작위적이며 인위적인 행위로, 자의적인 기교, 작위, 조작을 하지 말라는 뜻이지, 자기 멋대로 방자한 것은 하지 않는다는 의미다.

모든 것을 있는 그대로 맡기고, 아무것도 소유하거나 의도하지 않고 자연의 법칙에 따르려고 하는 생활방식을 말하는 것으로, 무위야말로 안심입명(安心立命)을 얻을 수 있다는 것이다.}

제4장

道는 텅 비어 있지만
아무리 써도 넘치지 않음이 있다

| 道沖而用之, 或不盈. 淵兮似萬物之宗. 挫其銳 解其紛, 和
其光, 同其塵, 湛兮似或存. 吾不知誰之子, 象帝之先. |

道는 텅 비어 있지만
아무리 써도 넘치지 않음이 있다.
깊기도 하구나!
그것은 마치 만물의 근원 같구나.
그 날카로움을 무디게 하고
그 엉킴을 푼다.
빛은 부드럽게 하고,
티끌은 고르게 편다.
맑음에도 무언가 있는 것 같구나.
어디에서 왔는지 나는 모르지만
상제보다 앞서 있는 것 같구나.

*沖(충) ; 비다, 공허하다.

*或(혹) ; 혹은(그렇지 아니하면), 있다, 존재하다.

*盈(영) ; 차다, 가득하다.

*淵(연) ; 못(넓고 오목하게 팬 땅에 물이 괴어 있는 곳)

*似(사) ; ~같다, 비슷하다, 흉내 내다.

*挫(좌) ; 좌절하다, 억누르다.

*銳(예) ; 날카롭다.

*紛(분) ; 어지럽다, 엉클어지다.

*和(화) ; 화하다, 순하다, 부드럽게 하다.

*塵(진) ; 티끌, 먼지.

*湛(심) ; 깊다, 맑다.

*誰(수) ; 누구, 무엇.

*象帝(상제) ; 조물주, 천제.

■ 道沖而用之 或不盈
　도 충 이 용 지　혹 불 영

"道는 텅 비어 있지만, 아무리 써도 넘치지 않음이 있다."

{도는 텅 비어 있어 아무리 써도 차지 않는다. 도는 어떤
본질적 개념으로 규정된 존재가 아니다. 그렇기 때문에 텅
비어 있다고 하는 것이다.}

■ 挫其銳 解其紛
(좌 기 예   해 기 분)

"그 날카로움을 무디게 하고 그 엉킴을 푼다."

{날카로운 칼날은 조금 무디게 만들고, 엉킨 실타래는 단순하게 풀수록 좋다는 것이다. 흠잡을 데 없는 외모에 빈틈 없는 언행이 좋을 것 같지만, 남들로 하여금 접근할 곁을 내주지 않을 수도 있다.

이 세상의 문화나 문명은 조리에 맞는 하나의 복잡한 엉킴에 불과하다. 노자는 이것을 푸는 것이 좋다고 생각하고 있다.}

■ 和其光 同其塵
(화 기 광   동 기 진)

"빛은 부드럽게 하고, 티끌은 고르게 편다."

{빛나는 재지는 될 수 있는 대로 흐릿하게 하는 것이 좋다. 그리고 속세에 있어서 자기만 깨끗하고 고고한 태도보다는 그 속에 동화(同化)하는 것이 좋다. 화(和)는 흐리게 하는 것. 진(塵)은 세속간(世俗間).}

【成語】화광동진(和光同塵) ; 『화광(和光)』은 빛을 부드럽게 한다는 뜻이고, 『동진(同塵)』은 세상 사람들과 함께 하는 것을 말한다. 빛을 감추고 속진(俗塵)에 섞인다는 말

이다. 즉 자기가 가지고 있는 지혜 같은 것을 자랑하는 일이 없이 오히려 그것을 흐리고 보이지 않게 하여 속세 사람들 속에 묻혀버리는 것을 말한다.

《노자》 제4장과 제56장에 똑같은 구절이 나오는데, 제4장의 것은 제56장의 것이 잘못 끼어든 것으로 보는 학자들이 많다.

"아는 사람은 말하지 않고, 말하는 사람은 알지 못한다. 그 감정의 구멍(귀·눈·코·입)을 막고, 그 욕정의 문을 닫으며, 그 날카로움을 무디게 하고, 그 얽힘을 풀며, 그 빛을 흐리게 하고, 그 티끌을 같이한다. 이것을 현동(玄同)이라고 한다(知者不言 言者不知 塞其兌 閉其門 挫其銳 鮮其紛 和其光 同其塵 是謂玄同). 그러므로 이는 친할 수도 없고, 멀리할 수도 없으며, 이로울 수도 없고, 해로울 수도 없으며, 귀할 수도 없고, 천할 수도 없다. 그렇기 때문에 오로지 하늘 아래 귀하게 되는 것이다."

여기서 『화광동진』이란 말이 비롯되었으며, "도(道)는 언제나 무위(無爲)하면서도 무불위(無不爲)하다."라고 말하는 노자의 도가사상(道家思想)을 단적으로 나타내 주는 말 중의 하나가 바로 『화광동진』과 『현동』이라고 볼 수 있다.

『현동(玄同)』은 현묘(玄妙)하게 같은 것이란 뜻이다. 불교에서 부처가 중생을 제도(濟度)하기 위해 부처의 본색을 감추고 속세에 나타나는 것을 『화광동진』이라고 하는데, 그것은 불교가 중국에 전해진 뒤부터 이 노자의 말을 받아들여 쓴 것이다. 부처·보살이 중생을 제도하기 위하여 자기 본색을 감추고 인간계에 섞여 몸을 나타내는 일을 이르는 말이다.

■ 象帝之先 (상제지선)

"상제보다 앞서 있다."

{상제(하느님, 神)보다 앞서 있다는 것은, 道가 천명(天命)을 완전히 극복했다는 말이다.

천자나 상제의 뜻을 헤아릴 수 있는 제사 관리 등이 높은 사회적 지위를 누렸고, 하늘을 중심으로 하는 세계에서는 하늘을 대신해서 다스리는 천자나 하늘의 이치(天文)를 아는 관료가 높은 사회적 지위를 누렸다. 道가 이렇게 존귀한 것이 되면 道와 관계하는 사람도 우월한 지위를 누릴 수 있다.}

제5장

천지는 어질지 못해
모든 것을 추구처럼 다룬다

| 天地不仁, 以萬物爲芻狗. 聖人不仁, 以百姓爲芻狗. 天地之
間, 其猶槖籥乎? 虛而不屈, 動而愈出. 多言數窮, 不如守中. |

천지는 어질지 못해
모든 것을 추구처럼 다룬다.
성인은 어질지 못해
백성을 추구로 삼는다.
천지 사이는 풀무와 같은 것인가.
비어 있으나 그침이 없고,
움직일수록 거세진다.
말이 너무 잦으면
자주 궁지에 몰릴 수 있다.
그 가운데(中)를 지킴만 못하다.

*芻狗(추구) ; 짚으로 만든 개, 풀강아지, 쓸데없이 되어버
린 물건의 비유.

*橐(탁) ; 풀무, 전대, 주머니.

*屈(굴) ; 쇠하다, 다하다.

*愈(유) ; 낫다, 거세지다.

*數(삭) ; 자주.

*窮(궁) ; 다하다, 궁하다.

■ 天地不仁 以萬物爲芻狗 聖人不仁 以百姓爲芻狗
천 지 불 인　이 만 물 위 추 구　성 인 불 인　이 백 성 위 추 구

"하늘과 땅이 이질지 못해 만물을 추구(芻狗)처럼 다룬다. 성인은 어질지 못해 백성을 추구로 삼는다."

{사람의 짧은 안목으로 보는 것과는 정반대의 결과가 된다는 것을 나타내는 말이다. 『무위자연(無爲自然)』에 내맡겨두는 것이 얼른 보기에는 사랑도 관심도 없는 것 같지만, 실상은 그것이 사랑하는 이상의 좋은 결과를 나타내게 되는 것을 말한다.

추구(芻狗)는 지푸라기로 만든 개를 말하는데, 옛날 제사를 지낼 때 이것을 제단 위에 올려놓았다가 제사를 끝낸 다음에는 그대로 들판에 버렸다고 한다.

만물로 추구를 삼는다는 말은, 모든 것을 그대로 돌보지 않고 버려둔다는 뜻이다. 이 말 다음에 노자는, "성인(聖人)

이 어질지 못해 백성들로써 추구를 삼는다."고 말하고 있다.

　이 말은 역설(逆說)이다. 성인은 어질다고 하는 여러 일이 사실은 백성들에게 간섭이 되어 못살게 구는 일이 되므로 간섭을 백성들에게 베풀지 않고 자연스럽게 알아서 살아가도록 둔다는 말이다.

　어짊을 베풀다가 백성들을 못살게 구는 일로 변질되는 일이 이 세상에 너무도 많기 때문에 이러한 말이 나오는 것이다.}

■ 多言數窮　不如守中
　다 언 삭 궁　불 여 수 중

　"말이 너무 많으면 자주 궁지에 몰릴 수 있다. 그 가운데를 지킴만 못하다."

　{상대방을 설득할 때 말이 많다고 설득할 수 있는 것은 아니다. 어쩌면 말을 적게 하는 것이 상대방을 설득하는 데 더 효과적일 수 있다. 사람은 너무 말이 많으면 여러 가지로 막다르게 되어 결국은 곤란하게 된다. 때로는 말은 가슴에 품고 있음만 못하다. 또는 가운데를 지키는(中庸) 것만 같지 못하다.}

【成語】 다언삭궁(多言數窮) ; "말이 많을수록 자주 궁색해진다." 그러므로 그 중(中)을 지키는 것만 못하다.

노자는 제23장에서도 "말을 적게 하는 것이 자연스럽다(希言自然)."고 한 것을 비롯하여 《도덕경》의 여러 장에 걸쳐 『말이 많음(多言)』을 경계하였다. 특히 제5장에는 천지 만물의 변화는 누구의 개입이나 특별한 목적이 있는 것이 아니라 자연스럽게 이루어지는 것이라고 했다. 따라서 내뱉는 말이 많은 것도, 들리는 말이 많은 것도 자연스러운 과정에 영향을 주어 실수가 일어날 수 있고 위기가 닥칠 수 있다. 즉, 말을 많이 하여 자칫 화를 초래하는 것보다는 침묵으로써 내면의 본질을 지키고 중심을 잡을 필요가 있다는 말이다.

따라서 『다언삭궁』은 오늘날 자신이 내뱉은 말로 자승자박(自繩自縛)의 곤경에 처하지 않도록 말을 신중히 해야 한다는 경계의 뜻으로 쓰인다. 삭(數)은 자주의 뜻이다.}

제6장

곡신은 죽지 않으니
이를 일컬어 현빈이라 한다

| 谷神不死是謂玄牝. 玄牝之門是謂天地根. 綿綿若存, 用之
不勤. |

곡신(谷神)은 죽지 않으니
일컬어 현빈(玄牝)이라 한다.
현빈(玄牝)의 문,
이를 일컬어 천지의 뿌리라 한다.
있는 듯 없는 듯 끝없이 이어지지만,
써도 써도 마르지 않는다.

*谷神(곡신) ; 골짜기의 텅 비어 있는 곳이라는 뜻으로,
 헤아릴 수 없이 깊고 미묘한 도(道)를 이르는 말.
*玄(현) ; 오묘한, 멀다, 아득하다, 가물가물하다.
*牝(빈) ; 암컷, 골짜기, 계곡. 암컷이 새끼를 낳듯 도가 만
 물을 냄을 뜻하기도 함.
*玄牝(현빈) ; 도가(道家)에서, 사유(思惟)의 활동을 하는

뇌수(腦髓)를 이르는 말.

*綿綿(면면) ; 끊이지 않고 끝없이 이어 있음.

*若存(약존) ; 있는 듯 없는 듯.

*勤(근) ; 부지런하다, 빈번하다.

■ 谷神不死 是謂玄牝 玄牝之門
  곡 신 불 사 시 위 현 빈 현 빈 지 문

  是謂天地根 綿綿若存 用之不勤
  시 위 천 지 근 면 면 약 존 용 지 불 근

"골짜기의 신은 죽지 않으니 이를 일컬어 가물한 암컷이라 한다. 가물한 암컷의 문, 이를 일컬어 천지의 뿌리라 한다. 있는 듯 없는 듯 이어지지만, 아무리 써도 마르지 않는다."

{골짜기의 신은 말하자면, "가운데가 비었기 때문에 곡(谷)이고, 헤아릴 수 없기 때문에 신(神)이라고 하였다." 즉 골짜기라는 것은 비움을 비유한 것이다. 골짜기라는 것은 비유다. 허하면서도 능히 만물을 수용하고, 만물을 수용하면서도 소유하지 않으며, 미묘하고 헤아릴 수 없기 때문에 곡신이라고 하였다. 헤아릴 수 없이 깊고 미묘한 도(道)를 이르는 말이다. 골짜기는 가장 낮은 것이며, 흔히 여성의 생식기를 의미하기도 한다.

　제10장에서 "하늘 문이 열리고 닫힐 때 능히 암컷처럼 할 수 있겠는가(天門開闔, 能爲雌乎)?"라는 구절이 있고, 제28장에도 "수컷을 알고, 암컷을 지키면, 천하의 계곡이 된다 (知其雄 守其雌 爲天下谿)."라는 구절이 있으며, 제61장에도 "큰 나라는 강의 하류이니, 천하가 만나는 곳으로, 천하의 암컷이다.(大國者下流 天下之交 天下之牝)."라고 말하고 있다.}

제7장

하늘은 넓고 땅은 유구하다

| 天長地久. 天地所以能長且久者, 以其不自生, 故能長生. 是以聖人後其身而身先, 外其身而身存. 非以其無私邪! 故能成其私. |

하늘은 넓고 땅은 유구하다.
천지가 넓고 구원한 까닭은
그 스스로 생성하지 않기 때문이다.
그러므로 진실로 영원히 산다.
이런 까닭으로 성인은 자기를 앞세우지 않기에
오히려 그 몸이 앞서고,
자기를 도외시하기에
오히려 자신이 보존된다.
그 사사로움이 없기 때문이 아니겠는가.
그래서 능히 그 자신을 완성할 수 있다.

*久(구) ; 오래다, 변하지 않다.
*且(차) ; 또한, 우선, 만일.
*是以(시이) ; 이런 이치로, 이런 까닭에.

*邪(사) ; 耶(어조사 야)로 그런가의 뜻이다.

■ 天長地久
^{천 장 지 구}

"하늘과 땅은 오래도록 변하지 않는다."

{천지자연은 장구하다. 장구하는 까닭은 그 자신을 살리려고 하지 않기 때문이다. 그러기에 장생한다. 성인은 이러한 자연의 이치를 본받아 자기를 앞세우지 않기에 오히려 앞서고, 자기를 도외시하기에 오히려 자신이 보존된다. 그것은 사적인 기준이나 의욕을 버린 것이 아니겠는가? 그래서 능히 그 자신을 완성할 수 있다. 결정된 이념을 따르는 것이 아니라, 하늘과 땅, 즉 천지자연의 운행 원칙을 따름으로써 장구(長久)하다는 것이다.}

■ 聖人後其身而身先 外其身而身存
^{성 인 후 기 신 이 신 선 외 기 신 이 신 존}

"성인은 자신을 앞세우지 않음으로써 오히려 그 몸이 앞서고, 자기를 도외시하기에 오히려 자신을 보존한다."

{성인은 자신의 몸을 가장 나중에 생각한다. 이를테면, 길을 갈 경우에도 남에게 앞을 양보하는데, 이것이 오히려 사람들의 추대를 받아 가장 앞장을 서게 되는 것이다. 또한 성인

은 자기 몸을 도외시하고 생각하지 않는다. 그 때문에 오히려 자신을 보전하게 되는 것이다.

남을 먼저하고 나를 뒤로하면 천하가 그를 존경해서 먼저 어른으로 받든다. 자기를 낮추고 남을 높이면 백성이 그를 부모처럼 사랑하고, 신명(神明)은 그를 어린아이처럼 보우해서 몸을 항상 보존하게 된다. 이 때문에 성인은 백성 위에 서려고 할 때는 반드시 그 말을 낮추고, 백성 앞에 서려고 할 때는 반드시 그 몸을 뒤로 한다.}

제8장

최상의 善은 물과 같다

| 上善若水. 水善利萬物而不爭, 處衆人之所惡, 故幾於道. 居善地, 心善淵, 與善仁, 言善信, 正善治, 事善能, 動善時. 夫唯不爭, 故無尤. |

최상의 선(善)은 물과 같다.
물은 만물을 이롭게 해주면서 서로 다투지 않으며,
사람들이 싫어하는 곳에 머문다.
그러므로 도에 가깝다.
낮은 곳에 머물고,
마음은 연못처럼 고요하며,
사귐에 어질고,
말이 믿음직하며,
올곧게 다스리고,
일을 잘 처리하고,
때맞춰 움직인다.
그저 다투지 않으니,
허물이 없다.

*上善(상선) ; 가장 뛰어난 선.

*處(처) ; 처하다, 처소.

*衆人(중인) ; 여러 사람, 많은 사람들, 보통 사람들.

*幾(기) ; 기미, 거의.

*淵(연) ; 못, 깊다.

*夫(부) ; 대저, 지아비.

*唯(유) ; 오직, 다만.

*尤(우) ; 허물, 과실, 결점

■ 上善若水 水善利萬物而不爭

處衆人之所惡 故幾於道

"최상의 선(善)은 물과 같다. 물은 만물을 이롭게 해주면서 서로 다투지 않으며, 사람들이 싫어하는 곳에 머문다. 그러므로 도에 가깝다."

{물이 상선(上善)이라는 이유는 세 가지가 있다.

첫째, 물은 만물에게 혜택을 준다. 천지간에 물 없이는 존재할 수 있는 것은 하나도 없다. 이처럼 큰 존재이면서 물은 다른 것과 공명을 다투는 일이 없다.

둘째, 사람이란 한 발자국이라도 높은 지위를 바라지만,

물은 그 반대로 낮은 곳으로, 낮은 곳으로 흐른다.

셋째, 물은 낮은 곳에 있으므로 자기 자신이 커질 수 있다. 개울물이 냇물이 되고 냇물이 강이 되어 흘러 바다 같은 큰 존재가 된다.

노자사상에서 물은 만물을 이롭게 하면서도 다투지 아니하는 이 세상에서 으뜸가는 선의 표본으로 여겨 이르던 말이다.)

【成語】상선약수(上善若水) ; 지극히 선한 것은 마치 물과 같다는 뜻으로, 노자 사상에서 물은 만물을 이롭게 하면서도 다투지 아니하는 이 세상에서 으뜸가는 선의 표본으로 여겨 이르는 말이다.

"으뜸 되는 선(善)은 물과 같다. 물은 만물을 이롭게 해주고 넉넉하게 해주지만 다투지 않는다. 모든 사람이 싫어하는 낮은 곳에 머물기에 가장 도에 가깝다(上善若水 水善利萬物而不爭 處衆人之所惡 故幾於道)."

도가(道家)에서는 물은 으뜸가는 선(善)의 경지로 여긴다. 가장 이상적인 생활을 살아가려면 물의 형태로 살아가라는 것이다.

물은 만물에 생명을 생성하고, 성장케 하며, 아주 낮은 곳에 머문다. 물은 네모난 그릇에 담으면 네모난 모양으로 담기고, 둥근 그릇에 담으면 둥근 모양으로 담긴다. 물은 자신의 모습을 고정시키지 않고 항상 변화를 가능하게 함으로써 상대방을 거스르는 일이 없으며, 그 어떤 모양으로도 바뀌는 유연성을 가진다. 모든 생명이 있는 것들을 유익하게 해 주면서 그 자신은 어떤 상대와도 이익을 다툼이 없는 물의 성질을 높이 여긴다.

『상선약수』는 이 같은 물의 성질처럼 만물을 이롭게 하고 도와주는 것에 아낌이 없으면서 자기를 주장하는 데 급급하지 않고, 어떠한 상황에도 능동적으로 대처하는 삶의 자세를 가리키는 의미로 쓰인다.

무위(無爲) 속에 자연과 하나 되고, 자연과 같이 살아가는 것을 중시하는 도가의 가장 이상적인 선의 표본이다.

■ 居善地 心善淵 與善仁 言善信

正善治 事善能 動善時

"낮은 곳에 머물고, 마음은 연못처럼 고요하며, 남과 사귈 때 좋은 것은 믿음이고, 정사에 좋은 것은 잘 다스려짐이고, 일을 잘 처리하고, 때맞춰 움직인다."

{처신은 땅과 같은 것이 좋고, 마음은 깊은 연못과 같은

것이 좋으며, 남에게 줄 때는 사랑으로서 하는 것이 좋고, 말은 의리 있는 믿음이 있는 것이 좋으며, 정치는 잘 다스려지는 것이 좋고, 일은 능력이 있는 것이 좋으며, 행동은 때에 알맞은 것이 좋다.

여기에서 『지(地)』는 낮은 곳이라는 의미다. 지극히 낮은 곳을 일러서 땅(地)이라고 한다. 『연(淵)』은 깊다는 뜻이다.}

제9장

채우기만 하는 것은
그만두는 것만 못하다

| 持而盈之 不如其已 ; 揣而銳之 不可長保 ; 金玉滿堂 莫之
能守 ; 富貴而驕, 自遺其咎. 功遂身退, 天之道. |

채우기만 하는 것은
그만두는 것만 못하며,
두드려 날카롭게 만들면
오래 간직할 수 없다.
금과 옥이 집안에 가득하더라도
결코 지키지 못하며,
돈과 명예가 있어도 교만하면
자연히 허물을 남기게 된다.
이루었을 때 물러나는 것이
하늘의 도이다.

*持(지) ; 가지다, 지속하다, 유지하다.
*盈(영) ; 차다, 차 넘치다.

*揣(췌) ; 다듬는다, 두드린다, 재다, 측량하다.

*銳(예) ; 날카롭다.

*驕(교) ; 교만하다.

*咎(구) ; 허물.

*遂(수) ; 이르다, 성취하다.

■ 持而盈之 不如其已 揣而銳之 不可長保

"계속해서 채우는 것은 그만두느니만 못하고, 두드려 날을 세우면 오래 간직할 수 없다."

{채워 놓은 것은 다시 비게 되어 있지만, 반대로 그대로 비어 있는 것은 다시 채워지게 되어 있기 때문이다. 날을 세우면 무뎌지기 쉽고 오래 쓰기 어렵다. 이미 끝을 다듬어서 뾰족하게 했는데 또 그것을 예리하게 하면 결국 부러지게 되어 있다. 그러므로 길이 보전할 수 없다.}

■ 金玉滿堂 莫之能守

"금과 옥이 집안에 가득하면 그것을 지킬 수 없다."

{재보가 집에 가득 찰 정도면 이걸 지킬 수 없게 된다. 욕망대로 해서는 안 된다는 말.}

【成語】 금옥만당(金玉萬堂) ; 금옥관자(金玉貫子)가 집안
에 가득하다는 뜻으로, 어진 신하가 조정에 가득함을 비유
하여 이르는 말이다.

말 그대로 해석해서 금은보화가 가득한 부잣집을 나타낸
다고 생각하면 잘못이다. 금옥(金玉)은 금과 옥이란 뜻이지
만, 금과 옥처럼 귀한 사물이나 사람이라는 뜻도 있다. 그래
서 몸가짐이 바르고 훌륭한 인물을 가리켜 금옥군자(金玉君
子)라고 한다.

"지속해서 너 채우는 것은 그만두는 것만 못하다. 두드려
서 날카롭게 만들면 오래 가지 못한다. 금옥관자가 집안에 가
득하더라도 그것을 지킬 수 없고, 부귀하여 교만해지면 스스
로 허물을 남기게 된다. 공을 이루었으면 그만 물러나는 것이
하늘의 길이다(持而盈之 不如其已 揣而銳之 不可長保 金玉萬
堂 莫之能守 富貴而驕 自遺其咎 功遂身退 天之道)"

『금옥만당』은 여기서는 아무리 많은 재물도 온전히 지
킬 수 없다는 뜻으로 쓰였다.

만(滿)은 영(盈), 당(堂)은 실(室)과 뜻이 같아 『금옥영실
(金玉盈室)』로도 쓴다. 뒤에 어진 신하가 조정에 가득함을
비유하는 말로 뜻이 커졌다.

■ _{부 귀 이 교} _{자 유 기 구}
富貴而驕 自遺其咎

"부귀를 누리면서 교만하면 스스로 허물을 남기게 된다."

{부유한 신분이 되었다고 해서 오만불손한 태도를 취하면 자연히 죄를 남기게 되는 법이다. 돈과 명예가 있어도 교만하면 자연히 허물을 남기게 된다. 부귀영화는 좋기도 하고, 덧없기도 하다. 좋은 게 아니라면 덧없음은 또 어떻게 느끼겠는가?}

■ _{공 수 신 퇴} _{천 지 도 야}
功遂身退 天之道也

"공적을 이루면 물러나는 것은 하늘의 도리다."

{봄은 봄이 해야 할 일을 끝내면 그 지위를 여름에게 물려준다. 여름이나 가을도 각각 잎을 무성하게 하고 열매를 맺게 겨울에게 그 지위를 물려준다. 인간도 일단 일을 수행하여 공적이나 명성을 이루면 그 위치를 물러나는 것이 하늘의 도리를 따르는 방법이다.}

【成語】 공수신퇴(功遂身退) ; 공을 이루고 난 뒤에는 이내 물러나야 한다. "금은보화가 집에 넘쳐나 그것을 지키는 것만도 어려운 일인데, 부귀해지려는 마음에 교만하여

욕심을 부리는 것은 스스로에게 화를 부른다. 공을 이루면 스스로 물러나는 것이 하늘의 도리다(金玉滿堂 莫之能守 富貴而驕 自遺其咎 功遂身退天之道)."

지금 가지고 있는 것도 제대로 지키지 못하면서 더 많은 것을 소유하려다가는 오히려 가지고 있는 것마저도 잃을 수 있다. 그러므로 지위나 재화 등 많은 것들을 자신이 감당할 수 있는 만큼 이상은 욕심내지 않아야 한다는 말이다. 『공성신퇴(功成身退)』라고도 한다.

제10장

마음으로 도를 안아
그것으로부터 떠나지 않을 수 있는가?

│ 載營魄抱一, 能無離乎? 專氣致柔, 能如嬰兒乎? 滌除玄覽,
能無疵乎? 愛國治民, 能無爲乎? 天門開闔, 能爲雌乎? 明白四
達, 能無爲乎? 生之畜之, 生而不有, 爲而不恃, 長而不宰. 是
謂玄德. │

마음으로 도를 안아
그것으로부터 떠나지 않을 수 있는가?
기(氣)에 맡기고 부드럽게 되어
갓난아이처럼 될 수 있는가?
그윽하게 살펴 그 마음을 씻어내어
흠이 없게 할 수 있는가?
백성을 사랑하고 나라를 다스림에
무위로 할 수 있는가?
하늘 문이 열리고 닫힐 때
능히 암컷처럼 할 수 있겠는가?
명백히 알아 사방으로 통달하면서도

능히 지혜로써 하지 않을 수 있겠는가?
낳아주고 길러주되,
낳으면서도 자기 것으로 하지 않고,
길러주면서도 마음대로 하지 않는 것,
이것을 현묘한 덕이라고 한다.

*載(재) ; 어조사로 夫처럼 말머리에 쓴다.

*營魄(영백) ; 혼백(魂魄). 營은 혼(魂)으로 읽는다. 사람
의 정신은 혼이고, 몸은 백(魄)이다.

*抱一(포일) ; 하나로 안다.

*一 ; 하나, 온, 전, 모든, 한결같은. 여기서 一(하나)이란
道를 의미하기도 한다.

*專氣(전기) ; 專은 완전히 맡기다, 즉 기에 완전히 맡긴
다는 것은 본능에 따르는 삶이다.

*嬰兒(영아) ; 아이.

*滌除(척제) ; 씻어 없애다.

*玄覽(현람) ; 현묘함을 보다. 《도덕경》에서는 현묘함
을 매우 긍정적으로 바라보지만, 그것마저 마음에서 씻
어버리라는 매우 극적인 말이다.

*疵(자) ; 흠, 결점.

*天門 ; 하늘의 문, 우리 몸에 달린 이목구비를 비롯한 감
  각기관과 그 밖에 모든 구멍들을 말한다.

*開闔(개합) ; 열리고 닫힘. 하늘의 문이 열리고 닫힘.

*雌(자) ; 암컷, 암컷은 도의 특성을 드러내 주는 말로 모
  든 것을 부드럽게 감싸 안는다.

*四達(사달) ; 길이 사방으로 통함, 널리 퍼짐.

*恃(시) ; 믿다, 의지하다.

*宰(재) ; 주관하다, 다스리다.

*玄德(현덕) ; 심오한 덕, 현묘한 덕, 천지의 현묘한 이치.

■ 載營魄抱一　能無離乎?
　　재 영 백 포 일　능 무 리 호

　"하늘의 영혼과 땅의 혼백을 실어 하나로 껴안고 능히
서로 떨어지지 않게 할 수가 있겠는가?"

　{영백(營魄)은 먼저 魄이 있고 거기에 혼이 실려 있다. 사
람이 죽으면 魄은 땅으로, 혼은 하늘로 돌아간다. 곧 하늘의
영혼과 땅의 혼백을 실어 하나로 껴안고 능히 서로 떨어지
지 않게 할 수가 있겠는가?

　일(一)은 그 어떤 것도 대입할 수 있는 대입 항이다. 구체
적으로 무엇이라고 말하기 어렵기 때문에 노자는 一이라고

표현했다. 따라서 무엇인지 규정하려고 하기보다는 단순히 하나(一)라고 하는 것이다. 보통 道를 이른다.}

■ 專氣致柔 能嬰兒乎?

"기(氣)에 맡겨 부드러움에 이르러 능히 갓난아이처럼 유지할 수가 있겠는가?"

{전기(專氣)란 기에 완전히 맡긴다는 것으로, 본능에 따르는 삶을 말한다.}

■ 生而不有 位而不恃 長而不宰 是謂玄德

"낳으면서도 자기 것으로 하지 않고, 길러주면서도 마음대로 하지 않는 것, 이것을 현묘한 덕이라고 한다."

{위하고도 대우받지 아니하고, 키우고도 다스리지 않는 것이 심오한 덕이다.

현덕(玄德)은 속 깊이 간직하여 드러내지 않는 덕. 천지(天地)의 깊고 묘한 도리를 말한다.}

제11장

비어 있음에 쓰임이 있다

| 三十幅共一轂, 當其無, 有車之用. 埏埴以爲器, 當其無, 有器之用. 鑿戶牖以爲室, 當其無, 有室之用. 故有之以爲利, 無之以爲用. |

서른 개의 바퀴살이 한 개의 통에 모여 있으니
그 비어 있음에
쓰임이 있다.
진흙을 이겨 그릇을 만드니
그릇 속에 아무것도 없음에
그릇의 쓰임이 있다.
문과 창을 뚫어 방을 만드니
방안에 아무것도 없음에
방의 쓰임이 있다.
따라서 있음의 이로움은
없음의 쓰임 때문이다.

*幅(폭) ; 바퀴살.
*轂(곡) ; 바퀴, 수레.

*當(당) ; 당하다, 균형을 이루다.

*埏埴(연식) ; 도자기의 원료로 쓰는 흙을 개는 일.

*鑿(착) ; 뚫다, 캐다.

*戶牖(호유) ; 지게문(마루와 방 사이의 문)과 창문.

■ 三十幅共一轂 當其無 有車之用

삼 십 폭 공 일 곡　당 기 무　유 거 지 용

"서른 개의 바퀴살이 하나의 통에 모여 있으니, 그 없음에 쓰임이 있다."

{수레바퀴에는 바퀴통은 한 개가 있고 거기에서 삼십 개의 바퀴살이 나와 있다. 수레에서 가장 중요한 것은 바퀴통도 아니고 바퀴살도 아니다. 바퀴통 한가운데 뚫려져 있는 구멍인 공허(空虛)한 곳이다. 즉 무(無)의 부분이다. 거기에 회전축이 있어야 비로소 수레바퀴가 돌아서 수레의 구실을 하는 것이다.

이처럼 만물의 움직임은 무(無)에서 일어난다. 유(有)의 구실을 하는 것은 무(無)에서 나온다는 것이다.}

■ 埏埴以爲器 當其無 有器之用

연 식 이 위 기　당 기 무　유 기 지 용

"진흙을 이겨 그릇을 만드니 그 없음에 그릇의 쓰임이

있다."

{흙을 이겨서 그릇을 만드는 경우, 그릇으로서의 쓰임새는 그릇 안을 비움으로써 생긴다. 문과 창을 뚫어 집을 만드니, 그 없음에 집의 쓰임이 있다. 따라서 있음의 이로움은 없음의 쓰임 때문이다(鑿戶牖以爲室 當其無 有室之用 故有之以爲利 無之以爲用).

『없음(無)』으로써 『쓰임(用)』으로 삼는 지혜.}

유지이위리 무지이위용
■ 有之以爲利 無之以爲用

"있음의 이로움은 없음의 쓰임 때문이다."

{『있음(有)』이 이로울 수 있는 것은 『없음(無)』이 작용하기 때문이다. 있음이 이 세상에 이익을 주는 것은, 없음의 쓰임새가 도움을 주기 때문이다. 비어 있지 않고 무언가로 꽉 채워 놓으면 그것은 아무것도 할 수 없음을 이르는 것이다.}

제12장

성인은 배를 위하지 눈을 위하지 않는다

| 五色令人目盲, 五音令人耳聾, 五味令人口爽, 馳騁畋獵令人心發狂, 難得之貨令人行妨. 是以聖人, 爲腹不爲目, 故去彼取此. |

다섯 가지 색깔은 사람의 눈을 멀게 하고,
다섯 가지 소리는 사람의 귀를 멀게 하며,
다섯 가지 맛은 사람의 입을 버리게 한다.
말을 타고 사냥하는 것은 사람의 마음을 발광하게 한다.
얻기 힘든 재물은 사람의 행동을 어지럽게 만든다.
이 때문에 성인은 배를 위하지 눈을 위하지 않는다.
그러므로 저것(눈)을 버리고 이것(배)을 취한다.

*五色 ; 다섯 가지 빛깔. 푸른빛(靑)·누른빛(黃)·붉은빛
  (赤)·흰빛(白)·검은빛(黑)의 다섯 가지 색(色). 여러
  가지 빛깔.
*令人(영인) ; 착하고 어진 사람. 선인(善人).
*五音 ; 음률(音律)의 다섯 가지 음. 궁(宮)·상(商)·각
  (角)·치(徵)·우(羽).

69

*五味 ; 다섯 가지 맛. 단맛·짠맛·신맛·쓴맛·매운맛.

*爽(상) ; 상쾌하다, 상하게 하다.

*馳騁(치빙) ; 말을 타고 달리다, 이곳저곳 바삐 돌아다니
다.

*畋獵(전렵) ; 사냥. 활 또는 길들인 매나 올가미 따위로
산이나 들의 짐승을 잡는 일.

*發狂(발광) ; 미친 것처럼 날뜀.

■ 五色令人目盲 五音令人耳聾 五味令人口爽

"다섯 가지 색은 사람의 눈을 멀게 하고, 다섯 가지 소리
는 사람의 귀를 멀게 하고, 다섯 가지의 맛은 사람의 입을
버리게 한다."

{오색이란 꼭 구체적인 빛깔 다섯 가지를 지칭한다기보
다 휘황찬란하게 좋은 색깔로 꾸며진 모양을 의미한다. 다
섯 가지 맛(五味)이나 다섯 가지 좋은 소리(五音) 경우도 마
찬가지다.

화려한 치장은 사람의 눈을 어지럽히고, 달콤한 음악은
사람의 귀를 멀게 하며, 산해진미는 사람의 입을 상하게 한
다.}

■ 馳騁畋獵令人心發狂

"말을 타고 달리며 사냥하는 것은 사람의 마음을 발광하게 한다."

{말을 달리면서 죽이고 사로잡는 것을 일삼으니 가히 발광했다고 할 만하다고 하였는데, 대충 전렵이 얼마나 즐거웠는지 짐작할 수 있다. 앞에서 오색이 단순히 다섯 가지 색깔을 가리키는 것이 아니라, 보기 좋은 모양을 상징하듯이 여기에서 말 달리고 사냥하는 일도 바로 그것만을 가리키는 것이 아니라 모든 즐거운 일을 상징한다.

너무 자극적인 것에 치중하면 마음이 어지러워진다.}

■ 難得之貨令人行妨

"얻기 힘든 재화는 사람의 행동을 어지럽게 한다."

{얻기 힘든 재화(難得之貨)란 원래부터 그 사회의 문화가 그렇게 만든 것이다. 무릇 성인 곧 제왕이라면 이런 보화를 귀하게 여기지 않아야 한다. 제왕이 이를 귀하게 여기면, 정작 살펴야 할 백성의 삶은 돌보지 않고, 오히려 그런 보화를 얻는 데 백성을 동원해 백성이 밭 갈고 길쌈하는 일에 힘쓰지 못하게 만든다.}

^{시 이 성 인　위 복 불 위 목　고 거 피 취 차}
■ 是以聖人　爲腹不爲目　故去彼取此

"이 때문에 성인은 배를 위하지 눈을 위하지 않는다. 그러므로 저것(눈)을 버리고 이것(배)을 취한다."

{본다는 것은 구분한다는 것이다. 눈은 구분하는 행위를 하는 것이다. 눈을 위하지 않는다는 것은 구분하는 행위를 하지 않는다는 것이다. 배를 위한다는 것은 배고픔에 대한 것은 어떤 이념과도 상관이 없다. 따라서 성인은 배를 위하지 눈을 위하지 않는다.

앞 문장에서는 눈, 귀, 입, 마음, 행위 다섯 가지를 이야기하면서도 여기서는 단지 눈에 대해서만 이야기한 것은, 눈이 욕망을 촉발하는 감각기관의 대표이기 때문이다.

성인은 구분을 분명히 하는 일을 하지 않는다. 그러므로 저것(눈 ; 이상)을 버리고 이것(배 ; 현실)을 취한다.}

제13장

자기 몸과 같이 천하를 아낀다면
그에게 천하를 맡길 수 있다

| 寵辱若驚, 貴大患若身. 何謂寵辱若驚? 寵爲下. 得之若驚
失之若驚是謂寵辱若驚. 何謂貴大患若身? 吾所以有大患者,
爲吾有身, 及吾無身, 吾有何患. 故貴以身爲天下, 若可寄天
下. 愛以身爲天下, 若可托天下. |

총애를 받거나 욕되거나 늘 놀란 것같이 하고,

큰 걱정을 귀하게 여기기를 내 몸과 같이 하라.

"총애를 받거나 욕되거나 늘 놀란 것같이 하라"는 말은 무
엇인가?

총애 받음은 곧 그것을 잃게 된다는 말이니

그것을 얻어도 놀란 듯 하고

그것을 잃어도 놀란 듯 하라.

이것이 바로 "총애 받거나 욕되거나 늘 놀란 듯 하라"라는
말이다.

"큰 걱정을 네 몸과 같이 대하라"는 말은 무엇인가?

내가 큰 걱정을 갖게 되는 까닭은 몸이 있기 때문이다.

내게 몸이 없다면 내게 무슨 근심이 있겠는가.

그러므로 자신의 몸을 소중히 여기는 것처럼

천하를 소중히 여기는 사람에게는 천하를 맡겨도 좋을 것이다.

자기 몸을 아끼듯이 천하를 아낀다면

그에게 천하를 맡길 수 있다.

*若 ; 같다, 이와 같다, 만약.

*寵辱(총욕) ; 굄을 받음과 욕을 당함. 총애와 수모.

*大患(대환) ; 큰 근심, 큰 병환.

*寄(기) ; 맡기다, 부치다.

*托(탁) ; 맡기다, 의지하다.

■ 寵辱若驚 貴大患若身
  총 욕 약 경 귀 대 환 약 신

"총애를 받거나 굴욕을 당하거나 늘 놀란 것같이 하고, 큰 걱정을 귀하게 여기기를 내 몸과 같이 하라."

【成語】수총약경(受寵若驚) ; 총애를 받으면 어쩔 줄 모른다.

"총애를 받는 것을 놀란 것같이 한다"라는 뜻으로, 누군가로부터 뜻밖의 총애를 받게 되어 기뻐 놀라워하면서도 마음 한 구석으로는 불안을 느낀다는 말이다.

"총애를 받거나 욕됨을 당하거나 늘 놀란 듯이 하고, 큰 걱정을 귀하게 여기기를 내 몸과 같이 하라. 총애를 받거나 굴욕을 받는 것을 놀란 것같이 한다는 것은 무엇을 말하는 가. 총애는 위에 있는 것이고, 굴욕은 아래에 있는 것이니, 그 것을 얻게 되어도 놀란 듯이 하고, 그것을 잃게 되어도 놀란 듯이 하는 것을 총욕약경이라고 이른다(寵辱若驚 貴大患若身 何謂寵辱若驚 寵爲上 辱爲下 得之若驚 失之若驚 是謂寵辱若驚)."

《당시(唐書)》 노승경진(盧承慶傳)에도 나오는 말이다.

당나라 초기에 고공원외랑(考功員外郞)의 벼슬에 있는 노 승경이라는 사람이 있었다.

고공(考功)이라는 것은 관리들의 언행을 살펴서 고과점수 를 내는 것이 임무였는데, 노승경은 그의 직무에 충실하여 비교적 공정하게 일을 처리했다고 한다.

한번은 식량을 수송하는 관헌이 식량을 실은 배를 침몰시 킨 사고가 발생하였다. 이에 노승경은 그를 중하(中下)로 평 정하고 본인의 뜻을 물었더니 본인은 아무런 이의도 없다고 하였다.

그러나 다시 생각해 보니 배가 침몰된 것은 그 한 사람만 의 책임도 아니고, 또한 사람의 힘으로 어찌할 수도 없는 일

이기에 그 관헌을 다시 중중(中中)으로 평정하고 본인의 뜻
을 물었다. 그래도 그는 여전히 아무런 이의도 없다는 것이
었다. 이에 노승경은 그를 찬양하여 총욕불경(寵辱不驚)이라
고 하였다.

이렇게 해서 총애를 받거나 수모를 당해도 대수롭게 여기
지 않는 것을 가리켜 『총욕불경』이라고 하는 한편 그와 반
대되는 것을 『총욕약경(寵辱若驚)』이라고 하게 된 것이다.

여기에는 복(福)이란 화근(禍根)이 되기도 하는 것이므로
총애를 받더라도 겸손함을 잃지 말아야 한다는 경계의 의미
가 담겨 있기도 하다. 때로는 총애나 칭찬을 받고서 좋아하
여 어쩔 줄 모르는 모습을 비아냥거리는 말로 쓰이기도 한
다.

■ 貴以身爲天下 若可寄天下

愛以身爲天下 若可托天下

"자신의 몸을 소중히 여기는 것처럼 천하를 소중히 여
기는 사람에게는 천하를 맡겨도 좋을 것이다. 자기 몸을 아
끼듯이 천하를 아낀다면 그에게 천하를 맡길 수 있다."

{사람은 누구나 자기 자신을 사랑하는데, 그렇게 하여 마

침내 내 몸은 천하의 그 무엇과도 바꿀 수 없는 존재라고 자각할 정도로 자애자중(自愛自重)하는 사람이라면 천하를 그에게 맡길 수 있다.}

제14장

맞이해도 그 머리를 볼 수 없고
따라가도 그 꼬리를 볼 수 없다

| 視之不見 名曰夷. 聽之不聞 名曰希. 搏之不得 名曰微. 此三者不可致詰, 故混而爲一. 其上不皦, 其下不昧, 繩繩不可名, 復歸於無物. 是謂無狀之狀, 無物之象, 是謂惚恍. 迎之不見其首, 隨之不見其後. 執古之道以禦今之有. 能知古始, 是謂道紀. |

보려고 해도 보이지 않아
일러 평평하다고 하고,
들으려고 해도 들리지 않아
일러 흐릿하다고 하고,
잡으려 해도 잡을 수 없어
일러 희미하다고 한다.
이 셋은 따져 물을 수 없는 것이라,
섞어서 하나로 하였다.
그 위쪽은 밝지 않고,
그 아래쪽은 어둡지 않다.

끝없이 이어져 그 이름을 뭐라고 붙일 수가 없어
존재 이전(아무 물체도 없음)으로 다시 돌아간다.
이를 형상 없는 형상이라 부르고,
물체가 없는 상이라 부르니,
그저 황홀하다 한다.
맞이해도 그 머리를 볼 수 없고,
따라가도 그 꼬리를 볼 수 없다.
옛 道를 얻어 지금의 것을 다스리니,
道의 시작을 알 수 있으므로 이를 道의 실마리라 부른다.

*夷(이) ; 오랑캐, 평탄하다.

*搏(단) ; 뭉치다, 잡다.

*希(희) ; 바라다, 성기다(물건의 사이가 뜨다), 드물다.

*微(미) ; 미세하다, 숨겨져 있다, 어렴풋하다.

*詰(힐) ; 묻다, 따지다.

*混(혼) ; 섞다, 어루만지다, 혼탁하다.

*一 ; 하나, 도(道).

*皦(교) ; 옥석의 흰빛. 밝다, 또렷하다, 눈부시다.

*昧(매) ; 어둡다, 어둑새벽.

*繩繩(승승) ; 대(代)가 끊어지지 아니함.

*無狀(무상) ; 아무런 형상이 없음.

*無物(무물) ; 아무 물건도 없음.

*惚(홀) ; 황홀하다, 흐릿하다.

*恍(황) ; 황홀하다, 멍하다, 어슴푸레하다.

*隨(수) ; 따르다, 순종하다.

*執(집) ; 잡다. 가지다, 쥐다.

*禦(어) ; 금하다, 제어하다.

*紀(기) ; 해, 세월. 벼리, 일이나 글의 뼈대가 되는 줄거리.

시 지 불 견 명 왈 이 청 지 불 문 명 왈 희 단 지 부 득
■ 視之不見 名曰夷 聽之不聞 名曰希 搏之不得

명 왈 미 차 삼 자 불 가 치 힐 고 혼 이 위 일
名曰微 此三者不可致詰 故混而爲一

"보려고 하여도 보이지 않는 것을 일러 어렴풋하다고 하고, 들으려고 해도 들리지 않는 것을 일러 흐릿하다고 하며, 잡으려 해도 얻을 수 없어 이를 희미하다고 한다. 이 세 가지는 따져 물을 수 없는 것이라, 뒤섞여 하나이다."

{보려고 해도 (너무 커서) 보이지 않는 것을 이(夷)라 하고, 들으려고 해도 (너무 가늘어서) 들리지 않는 것을 희(希)라 하며, 잡으려 해도 (너무 작아서) 잡히지 않는 것을 미

(微)라고 한다. 이 세 가지는 말로 따질 수가 없다. 그래서 통틀어 하나(一 ; 道)라고 한다.}

_{기상불교 기하불매 승승불가명 복귀어무물}
■ 其上不皦 其下不昧 繩繩不可名 復歸於無物

_{시위무상지상 무물지상 시위홀황}
是謂無狀之狀 無物之象 是謂忽恍

"그 위는 밝지 않고, 그 아래는 어둡지 않다. 끝없이 이어져 구분할 수 없고, 존재 이전으로 다시 돌아간다. 이를 형상 없는 형상이라 부르고, 실체 없는 모양이라 부르니, 그저 홀황(忽恍)하다 한다."

{그것(道)은 위라고 더 밝지 않고 아래라고 더 어둡지 않다. (그 길이는) 노끈처럼 이어져 있으나 이름붙일 수 없다. 결국 아무것도 없는 것으로 돌아간다. 그것을 (없는 것이라고 할 수 없어서) 형체 없는 상태라고 하고, (있는 것이라고 할 수도 없어서) 사물이 없는 모습이라고도 한다. 이것을 일러 홀황(忽恍 ; 황홀한 상태)이라 한다.

도라는 것은 보려고 해도 보이지 않고, 들으려고 해도 들리지 않으니 형상으로 나타낼 수 없다. 보지 않는 데서 보고, 듣지 않는 데서 듣고, 형상이 없는 형상을 아는 사람이 있다면 거의 도를 안다고 하겠다.

　도라는 것은 지극히 정밀한 것이어서 형체를 드러낼 수
없으며, 이름 지을 수도 없으니 억지로 말해서 태일(太一)이
라고 한다. 그러므로 하나는 명령을 만들고 둘은 그 명령에
따른다. 옛날 성인들은 둘을 버리고 하나를 본받았으니, 이
때문에 만물의 실정을 알았다.}

　　　집 고 지 도 이 어 금 지 유　능 지 고 시　시 위 도 기
■ 執古之道以禦今之有 能之古始 是謂道紀

　"옛 道를 얻어 지금의 것을 다스리니, 道의 시작을 알 수
있으므로 이를 道의 실마리라 부른다."

　{道는 옛 방법을 지켜 나가면서 오늘의 일을 다스린다. 노
자의 道에 대한 설명인데, 노자의 말의 기지로서 『古』는
『今』과 상대되고, 『집(執)』은 『어(禦)』에 대한 연어(緣
語)이다. 또한 노자의 道는 『無』이므로 『有』와 『無』와
는 유무(有無)의 연어(緣語)가 된다.}

제15장

도탑기를 통나무 같고
비어 있기를 골짜기 같다

│ 古之善爲士者, 微妙玄通, 深不可識. 夫唯不可識, 故强爲之
容. 豫兮若冬涉川 ; 猶兮若畏四鄰 ; 儼兮其若容 ; 渙兮若冰之
將釋 ; 敦兮其若樸 ; 曠兮其若谷 ; 混兮其若濁 孰能濁以靜之
徐淸. 孰能安以動之徐生. 保此道者不欲盈. 夫唯不盈故能蔽
而新成. │

옛날의 좋은 선비는
꼼꼼하고 묘하며 그윽이 통한 사람이라
깊이를 알 수 없었다.
대체로 알 수 없으나 억지로 형용해 본다.
머뭇거리기를 겨울 개울을 건너는 듯하고,
주저하기를 사방을 두려워하는 듯하다.
의젓하기를 손님 같고,
풀어지기를 얼음 녹는 듯하며,
도탑기를 통나무 같고,
비어 있기를 골짜기 같으며,

혼란하니 탁한 물과 같다.

누가 탁함을 고요히 하여 천천히 맑게 할 수 있는가?

누가 편안함을 끊임없이 움직여 천천히 생동케 할 수 있는가?

道를 지닌 자는 가득 채우려 하지 않으니,

채우지 아니하여 낡아도 능히 새로움을 만들지 않는다.

*微妙(미묘) ; 어떤 현상이나 내용이 뚜렷하게 드러나지 않으면서 야릇하고 묘함. 섬세하고 묘함.

*玄(현) ; 가물하다, 그윽하다.

*識(식) ; 지식, 식견.

*豫(예) ; 머뭇거리다.

*猶(유) ; 망설이다, 주저하다.

*儼(엄) ; 엄연하다, 의젓하다.

*渙(환) ; 흩어지다, 풀리다.

*釋(석) ; 풀리다, 깨닫다.

*敦(돈) ; 도탑다, 힘쓰다.

*曠(광) ; 비우다, 공허하다, 넓다, 탁 트이다.

*混(혼) ; 섞다, 혼탁하다.

*孰能(숙능) ; 누가 감히 할 수 있겠는가?

*盈(영) ; 차다, 가득하다.

*蔽(폐) ; 덮다, 가리다, 감추다.

■ 豫^예兮^혜若^약冬^동涉^섭川^천 猶^유兮^혜若^약畏^외四^사隣^린 儼^엄兮^혜其^기若^약容^용

渙^환兮^혜若^약氷^빙之^지將^장釋^석 敦^돈兮^혜其^기若^약樸^박 曠^광兮^혜其^기若^약谷^곡 混^혼兮^혜其^기若^약濁^탁

"머뭇거리기를 겨울 개울 건너는 듯하고, 주저하기를 사방을 두려워하는 듯하다. 준엄하기를 손님 같고, 풀어지기를 얼음이 녹으려는 듯하며, 도타우니 통나무 같고, 비어 있으니 계곡 같으며, 혼란하니 박한 물과 같다."

{옛날의 훌륭한 선비들은 미묘하고 사물의 이치에 깊이 통달하며, 심오하여 그 마음의 깊이를 남이 알 수 없었다. 남이 알 수 없었지만, 그래도 억지로 형용하여 본다(古之善爲士者 微妙玄通 深不可識 夫唯不可識 故强爲之容).

머뭇거리는구나, 마치 겨울에 냇물을 건너듯 하고. 조심하는구나, 사방의 이웃을 두려워하는 듯하며, 의젓하구나. 그것이 마치 손님과 같다. 화합하기는 마치 얼음이 풀리는 듯하다. 도탑구나, 마치 나무등치 같고. 시원스레 트였구나, 그것이 마치 산골짜기의 뻥 뚫린 계곡 같으며. 포용하여 뒤섞였구나, 마치 탁류와도 같도다.

누가 능히 고요하게 정지시켜서 천천히 맑게 할 수 있겠는가. 누가 능히 안정한 것을 오래 움직여서 천천히 생동하게 할 수 있겠는가. 이러한 도를 지키는 자는 가득 채우면 넘치므로 채우려 하지 않는다. 무릇 오직 가득 채우려 하지 않기 때문에 능히 모든 것을 덮을 뿐이고, 새로운 것을 성취하려고 하지 않는다(孰能濁以靜之徐淸 孰能安以久動之徐生 保此道者 不欲盈 夫唯不盈 故能蔽不新成).}

제16장

비움을 극에 이르게 하고,
고요함을 돈독하게 지켜라

│ 致虛極, 守靜篤. 萬物並作, 吾以觀復. 夫物芸芸, 各複歸其根. 歸根曰靜, 是謂複命 ; 複命曰常, 知常曰明. 不知常, 妄作凶. 知常容, 容乃公, 公乃全, 全乃天, 天乃道, 道乃久, 沒身不殆. │

허함에 이르기를 지극히 하고,
고요함을 지키기를 돈독히 한다.
만물은 어우러져 생겨나고,
나는 그 돌아감을 본다.
무릇 그것들은 모두 무성하지만,
결국 저마다 그 뿌리로 돌아간다.
뿌리로 돌아감을 고요함이라 이르니,
그것은 순리를 따르는 것이다.
순리를 따름을 변함없음(섭리)이라 이르며,
변함없음(섭리)을 아는 것을 밝음이라 이른다.
변함없음(섭리)을 알지 못하면
망령되어 흉하게 된다.

변함없음(섭리)을 알면 포용하고,

포용하면 공정하며,

공정하면 온전하고,

온전하면 하늘이며,

하늘은 道를 따르고,

道는 오래가니,

죽을 때까지 위태롭지 않다.

*靜篤(정독) ; 고요함을 두텁게 하다. 마음에 일체의 사려
　(思慮)를 끊어 외물에 흔들리지 않음.

*復命(복명) ; 순리를 따름.

*芸芸(운운) ; 많은 모양, 무성한 모양.

*常(상) ; 항상, 항구하다, 변함없음(섭리).

*妄(망) ; 망령되다, 속이다, 터무니없다.

*殆(태) ; 위태롭다, 대체로, 대개.

치 허 극　수 정 독
■ 致虛極 守靜篤

　"마음 비우기를 극에 이르게 하고, 평온함 지키기를 돈
독하게 한다."

　{텅 비게 함이 궁극에 도달하고, 고요함을 지키는 것이 독

실(篤實)하여지면, 만물이 일제히 일어나게 된다. 나는 그것
들(만물)이 다시 (고요함으로) 돌아감을 본다. 그 만물이 싱
싱하게 자라났다가 각기 그 뿌리로 돌아간다. 뿌리로 돌아
가는 것을 고요함이라 한다. 고요함은 천명대로 돌아간 것
이다.}

■ 萬物竝作 吾以觀復 夫物芸芸 各復歸其根
만물병작 오이관복 부물운운 각복귀기근

"만물은 어우러져 생겨나고, 나는 그 돌아감을 본다. 무
릇 그것들은 모두 무성하지만, 결국 저마다 그 뿌리로 돌아
간다."

{무릇 모든 존재하는 것은 허함에서 생겨나고, 움직임은
고요함에서 일어나니 만물이 모두 함께 움직이더라도 마침
내는 허(虛)·정(靜)에 복귀한다. 그 때문에 허와 정을 견지
하면 만물의 복귀하는 바를 알 수 있다. 비유하자면 꽃과 잎
이 뿌리에서 생겨나 뿌리로 돌아가고, 파도가 물에서 생겨
나 물로 되돌아가는 것과 같다.

작(作)은 살아난다 또는 움직인다는 뜻이다. 복(復)은 돌
아간다는 뜻이다.}

^{지 상 용} ^{용 내 공} ^{공 내 전} ^{전 내 천}
■ 知常容 容乃公 公乃全 全乃天

^{천 내 도} ^{도 내 구} ^{몰 신 불 태}
天乃道 道乃久 沒身不殆

"변함없음을 아는 것은 너그러움이고, 너그러우면 공정하며, 공정하면 널리 미치고, 널리 미치는 것은 하늘이며, 하늘은 도를 따르고, 도는 오래가니, 죽을 때까지 위태롭지 않다."

{여기서 보면 도가 하늘(天)보다 더 귀착점에 가깝다는 것을 의미하고 있다. 道와 天이 꼭 순서를 따진다고 하기는 어렵지만 전체적으로 더 본원적인 면을 향해 간다는 것은 사실이다. "죽을 때까지 위태롭지 않다(沒身不殆)"고 한 것 그것이다.}

제17장
최상의 지도자는 백성이
단지 그가 있다는 것만 알 뿐이다

| 太上, 下知有之. 其次, 親而譽之. 其次, 畏之. 其次, 侮之.
信不足焉, 有不信焉. 悠兮其貴言, 功成事遂, 百姓皆謂 : 我自
然. |

　최상의 통치자는 백성이
　단지 그가 있다는 것만 알 뿐이며,
　그 다음은 부모와도 같이 우러름을 받는 자이고,
　그 다음은 두려운 자이며,
　가장 아래는 업신여김을 받는 자이다.
　믿음이 부족하면,
　불신하게 될 따름이다.
　넉넉하구나, 그 말을 삼감이여,
　공이 이루어지고 일이 완수되면
　백성들은 모두 우리 스스로 이룬 것이라고 한다.

*太上(태상) ; 가장 뛰어난 것, 극상(極上), 천자(天子).
*譽(예) ; 기리다, 찬양하다.

*侮(모) ; 업신여기다, 조롱하다.

*悠兮(유혜) ; 유연한 것, 무위함으로써 백성을 다스리고 있는 모양.

*遂(수) ; 이루다, 성취하다, 뜻대로 되다.

■ 太上 下知有知 其次 親而譽之

其次 畏之 其次 侮之

"가장 좋은 것은 아래에서 그것이 있다는 것을 알고만 있는 것이고, 그 다음은 부모같이 우러름 받는 것이고, 그 다음은 두려운 것이며, 그 다음은 업신여기는 것이다."

{통치자에게 있어 최상의 정치라는 것은, 백성이 위에 누군가가 있다는 것만 알고 있을 뿐 그 혜택을 모르는 것이고, 그 다음은, 백성들이 그에게 친근감을 가지며, 그를 칭찬하는 것이고, 그 다음은, 백성들이 그를 두려워하는 것이고, 그 다음은, 백성들이 그를 깔보고 업신여기는 지도자를 이른다.}

이상사회는 잘 알려진 요임금의 태평성대와 자주 비교되었다.

해가 뜨면 일하고

해가 지면 쉬고

우물 파서 마시고

밭을 갈아 먹으니

임금의 덕이 내게 무슨 소용 있으랴.

日出而作 日入而息

鑿井而飮 耕田而食

帝力于我何有哉

이는 정치의 고마움을 알게 하는 정치보나는 그것을 전혀 느끼기조차 못하게 하는 정치가 진실로 위대한 정치라는 것을 뜻하는 것으로, 이 노래를 〈격양가(擊壤歌)〉라 한다. "땅을 치며 노래한다"는 이 노래를 들은 요임금은 크게 만족해하였다

■ **功成事遂** 공 성 사 수

"공을 이루고 일을 완수하다."

{지도자에게 믿음이 부족하면 백성들도 그를 믿지 않는다. 조심하여 그 말을 아낀다. 지도자가 공을 이루고 일을 완수하여도 백성들은 모두, 자기들 스스로 그렇게 한 것이라고 말한다(信不足焉 有不信焉 猶兮其貴言 功成事遂 百姓

皆謂 我自然).

도가(道家)에서 이상으로 생각하는 이른바 무위이치(無爲而治)를 설명한 대목이다. 道에 통달한 사람이 세상을 다스리면 무위(無爲)하면서도 세상을 자연스럽게 다스려지도록 만든다.

따라서 지도자가 큰 업적을 이룩해 놓아도 백성들은 그것을 임금의 공으로 의식하지 않고, 자기들 스스로가 그렇게 되도록 만들어진 것이라고 생각한다는 것이다.

백성의 필요에 따라 너무나도 자연스럽게, 공기처럼 드러나지 않게, 순리대로, 뒤에서 잘 다스려 나가기 때문에 백성이 근심 걱정 없이 잘 살아갈 뿐이다.

백성들이 임금의 존재를 잊고 안락하게 살아갈 때 진실한 태평이 이루어진다는 것이다.}

제18장

큰 도가 무너지니 어짊과 바름이 생겨난다

| 大道廢, 有仁義 ; 智慧出, 有大僞 ; 六親不和, 有孝慈 ; 國家昏亂, 有忠臣. |

큰 도가 무너지니
어짊과 바름이 나타나고,
앎과 밝음이 나타나니
큰 거짓이 생긴다.
가족(六親)이 어울리지 못하니
치사랑과 내리사랑이 얘기되고,
나라가 어지러우니
충신이 생긴다.

*廢(폐) ; 폐하다, 못 쓰게 되다, 무너지다.
*慧(혜) ; 슬기롭다, 사리에 밝다.
*僞(위) ; 거짓, 작위(作爲 ; 의식적으로 꾸며서 하는 행위),
 속이다.
*六親(육친) ; 부(父)·모(母)·형(兄)·제(弟)·처(妻)·
 자(子).

*慈(자) ; 사랑하다, 어머니, 자애를 베풀다.

■ 大道廢 有仁義
대 도 폐　유 인 의

"큰 도가 무너지자 인의(仁義)가 생겨났다."

【成語】 대도폐언유인의(大道廢焉有仁義) ; "큰 도가 무너지니 어짊과 바름이 생기고, 앎과 밝음이 나타나니 큰 거짓이 생긴다. 가족이 서로 어우르지 못하니 화목이니, 효(孝)니, 자(慈)니 하는 것이 생기고, 나라가 어지러우니 충신이 생겨난다(大道廢 有仁義 智慧出有大僞 六親不和 有孝慈 國家昏亂 有忠臣)."

이것은 말하자면, 인간이 큰 도가 무너졌다고 여기고 자기들 스스로의 관점에서 가치기준을 만들어 세상을 재단하려고 하면서 인의(仁義)라는 인위적 가치가 생긴 것이라는 말이다.

여기서 큰 道는 자연의 원리나 자연 그 자체를 가리키는 것이다. 인간 역시 자연 속의 한 사물에 지나지 않으므로 궁극적으로는 큰 道의 지배를 받고 있는 것이다.

가족이나 국가관계라는 것을 보아도 마찬가지다. 자연 상태에서는 애초에 육친이니 친척이니 인척이니 하는 관계가 없는데, 화목이니 효니 자애(慈愛)니 하는 것이 있었을 리

없고, 좁게 보더라도, 나라가 평안해 백성들의 생활이 안정
된 사회에서는 충신이 따로 있을 리 없다.

　노자는 이렇게 인의(仁義)니 효(孝)니 자애(慈愛)니 충
(忠)이니 하는 제도를 만들고 받드는 것 자체가 바로 인간
스스로 본연의 모습을 무너뜨리는 데 지나지 않는다고 한
다. 따라서 인간사회에 어느 정도 인의가 필요한 것은 사실
이지만, 그런 도덕적 판단에 절대적인 가치를 부여하는 것
은 인간이 자신을 스스로 무너뜨리는 것이므로, 큰 道로 돌
아가야 한다고 한 것이다.

　사회적 가치 기준에 지나치게 고상한(?) 잣대를 들이대어
자연스런 개인의 사고나 행동을 제어해서는 안 된다는 뜻이
다. 지금은 지나치게 형식과 원칙에 얽매여 생각이나 행위
가 유연하지 못한 경우를 비유하여 사용하기도 한다.

■ 智慧出 有大僞

　"지혜가 생기면 큰 거짓이 따른다."

　{인간에게 약삭빠른 지혜가 생기면 반드시 그 반면에 커
다란 거짓(위선)이 생겨나게 된다.}

■ 國家^{국가}昏亂^{혼란} 有忠臣^{유충신}

"나라가 혼란하면 충신이 나온다."

{충신이 나타나는 것은 나라가 혼란하기 때문이다.}

■ 六親不和^{육친불화} 有孝慈^{유효자} 國家昏亂^{국가혼란} 有忠臣^{유충신}

"가족이 불화하니 효니 자애니 하는 것이 생겨나고, 나라가 혼란하니 충신이 생겨난다."

{효도나 자애를 말하게 될 때는 이미 육친 사이가 화합하지 않는다는 증거가 된다. 충신이란 말이 나오는 것은 나라가 혼란하기 때문인 것이다.}

제19장

바탕을 드러내고 질박함을 품어라
사사로움을 줄이고 욕심을 줄여라

| 絶聖棄智, 民利百倍 ; 絶仁棄義, 民複孝慈 ; 絶巧棄利, 盜
賊無有 ; 此三者, 以爲文不足. 故令有所屬, 見素抱樸 少私寡
欲. |

성스러우니 지혜로우니 하는 것들을 끊어버리면
백성들의 이익은 백배가 될 것이다.
어짊을 끊고 의로움을 버리면,
백성들은 부모자식 같은 사이로 돌아갈 것이다.
속임수를 끊고 이익을 버리면,
도적이 사라진다.
허나 이 세 가지는
꾸밈으로 하기에는 부족하니,
그러므로 속해야 할 바(다른 가치관)가 필요하다.
바탕을 드러내고 질박함을 품어라.
사사로움을 줄이고 욕심을 줄여라.

*棄(기) ; 버리다.

*巧(교) ; 솜씨나 꾀 따위가 재치가 있고 교묘하다.

*素(소) ; 본디, 바탕, 희다, 소박하다.

*樸(박) ; 순박하다, 질박하다.

*抱樸(포박) ; 통나무처럼 있는 그대로 꾸밈없는 순박한
마음을 이른다.

■ 絶聖棄智 民利百倍 絶仁棄義 民複孝慈

"성스러우니 지혜로우니 하는 것들을 끊어버리면 백성들
의 이익은 백배가 될 것이다. 어짊을 끊고 의로움을 버리면,
백성들은 부모자식 같은 사이로 돌아갈 것이다."

【成語】절성기지(絶聖棄智) ; "성스러우니 지혜로우니
하는 것들을 완전히 끊어버린다" 는 뜻으로, 소박한 그대로
두어 사사로운 욕심을 나지 않게 하라는 말이다.

"성(聖)을 끊고 지(智)를 버리면 백성의 이익이 백배가
되고 인을 끊고 의를 버리면 백성이 효도하고 서로 사랑할
것이며, 속임수를 끊고 이익을 버리면 도적이 사라질 것이다.
그러나 이 세 가지는 꾸미는 것으로 부족하니 다른 가치관이
필요한 것이다. 그러므로 백성들이 붙일 데를 있게 하려면
소박함을 보여주어 친하게 하여서 사사로운 마음을 줄이고

욕심을 줄여야 할 것이다."

이것을 쉽게 풀면 다음과 같은 뜻이 된다.

"성스러우니 지혜로우니 하는 것들을 완전히 없애버리면, 백성들은 명예니 공로니 하는 것을 다투는 일이 없기 때문에 백배나 더 이를 얻게 된다. 어질다든가 의롭다든가 하는 것을 다 없애버리면 백성들은 양심을 속이는 일이 없기 때문에 참다운 효도와 사랑을 할 수 있게 된다. 또 자연을 해치는 교묘한 섯이라든가, 보다 편리한 물건을 만드는 일이 없으면 백성들은 배를 채우고 추위를 막는 것 외에 욕심을 부릴 것이 없게 되므로 자연 도둑이란 것이 있을 수 없다. 그러나 위에 말한 『성지(聖智)』니, 『인의(仁義)』니, 『교리(巧利)』니 하는 것들은 그것만으로는 설명이 부족하다. 그래서 다시 덧붙여 설명을 하거니와 결국 소박한 그대로를 두어 사사로운 욕심을 나지 않게 하는 것이다."

다시 말해서, 『절성기지』는 『소사과욕(小私寡欲)』을 뜻하고, 『소사과욕』은 곧 『무위자연(無爲自然)』으로 돌아가는 것이다.

이 『절성기지』의 사상을 그대로 받은 것이 《장자》거협편이다. 이 편에서 장자는 말하기를, "……저 성(聖)이니 지(智)니 하는 것은 천하의 날카로운 무기다. ……그러므로 성을 끊고 지를 버리면 큰 도적이 이에 그치고, 옥을 던지고 구슬을 깨어버리면 작은 도둑이 일어나지 않는다······"라고 했다.

과학 만능이 가져온 물질공해와 지식 만능이 빚어낸 정신 공해에 시달리고 있는 우리들로서는 노자와 장자의 말을 곱씹어 보아야 할 것이다.

■ 絶巧棄利 盜賊無有

"속임수를 끊고 이익을 버리면, 도적이 사라진다."

{사람들을 미혹할 수 있는 것을 끊어버리고, 이득 취할 만한 것들을 없애버릴 때 비로소 세상에서 도둑은 없어진다.

이 장에서 "지혜를 버린다"는 말에 대해서 노자가 정말로 앎이나 지혜를 혐오했는지 생각해보자.

47장에서, "문 밖을 나서지 않고도 세상을 알고, 창밖을 내다보지 않고도 하늘의 도를 본다(不出戶 知天下 不窺牖 見天道)."

여기에서 노자는 명석한 통찰력을 추구하고 있다.

48장을 보면, "배움은 날마다 더하는 것이고, 도는 날마다 덜어내는 것이다(爲學日益 爲道日損)."

여기서 위학(爲學)은 유위(有爲)라고 할 수 있다. 무위(無

爲)는 인식의 오류로 말미암아 혼란해진 자기 자신을 정화함으로써 본래의 자연스러움을 회복하려는 방법이며, 동시에 세상을 다스리는 법이다. 무위(無爲)는 유위(有爲), 인위(人爲)의 반대이며, 인간의 지적 오류에 의해 제정되고 실천되는 제도나 행위를 부정하는 개념인 것이다.

또 56장에서는, "아는 이는 말하지 않고, 말하는 이는 알지 못한다(知者不言 言者不知)."라고 언급하고 있다. 그렇지만 이것들이 반드시 앎과 지혜를 부정하는 말로 읽히는 것은 아니다. 가령 "남을 아는 사람은 지혜롭고, 스스로를 아는 사람은 밝다(知人者智 自知者明)."

『명(明)』은 해와 달을 동시에 봄으로써 최고의 통찰력을 표현하는 말이다.

이상의 예에서 보듯, 노자는 진정한 앎과 통찰력을 추구했다고 판단하는 것이다. 노자가 사이비 지식과 거짓된 지식을 혐오하고 궁극의 진리를 추구한다는 것에 의심의 여지가 없다. 노자는 앎과 지식을 무조건 혐오한 것이 아니라 사이비 앎과 지식을 공격했을 따름이다.}

제20장

배움을 끊으면 근심이 사라진다

│ 絕學無憂, 唯之與阿, 相去幾何? 善之與惡, 相去若何? 人之
所畏, 不可不畏. 荒兮其未央哉! 衆人熙熙 如享太牢, 如登春
臺. 我獨泊兮其未兆, 如嬰兒之未孩 ; 儽儽(贏弱)兮若無所歸.
衆人皆有餘, 而我獨若遺. 我愚人之心也哉! 沌沌兮. 俗人昭
昭, 我獨昏昏 ; 俗人察察, 我獨悶悶. 衆人皆有以, 我獨頑似
鄙. 我獨異於人, 而貴食母. │

배움을 끊으면 근심이 사라진다.
공손한 대답과 불경스런 대답의 차이가
크면 얼마나 크겠는가?
선과 악은 서로 얼마나 차이가 있을까.
뭇 사람들이 두려워하는 바를
나라고 두려워하지 않을 리 있겠냐마는,
망망하구나, 그 다하지 않음은.
사람들은 희희낙락 즐거워하네.
태뢰 잔치를 즐기는 듯,
봄날 누대에 오른 듯하구나.

나 홀로 담담하게 아무것도 모르기를,
마치 옹알거리는 갓난아이 같구나.
지쳤는데 돌아가야 할 데가 없는 것 같구나.
사람들은 모두 여유가 있는데, 나만 홀로 서 있구나.
나는 어리석은 사람의 마음인가 보다.
사람들은 훤히 밝은데, 나만 홀로 어두우며,
사람들은 잘도 헤아리는데
나마 홀로 분별하지 못하는구나.
사람들은 각기 쓰임이 있지만,
나는 홀로 고루하고 촌스럽구나.
나만 홀로 사람들과 다르니,
어머니에게 길러짐을 귀하게 여긴다.

*唯(유) ; 윗사람에게 대답하는 소리로, "예."
*阿(아) ; 불경스럽게 대답하는 소리, "응."
*幾何(기하) ; 얼마.
*荒(황) ; 거칠다, 황당무계하다.
*央(앙) ; 가운데, 다하다, 끝나다, 없어지다.
*衆人(중인) ; 여러 사람, 보통 사람들.
*熙熙(희희) ; 화목(화평)하고 즐겁다, 왁자지껄하다.

*享(향) ; 누리다, 드리다, 제사 지내다.

*太牢(태뢰) ; 대뢰(大牢). 나라 제사에 소를 통째로 제물로 바치던 일.

*泊(박) ; 머무르다, 묵다, (배를)대다, 담백하다.

*兆(조) ; 징조. 조짐, 조(억의 만 배).

*嬰兒(영아) ; 갓난아이.

*孩(해) ; 어린아이, 달래다, 어르다.

*儡(뢰) ; 꼭두각시, 남의 앞잡이가 되어 이용당하는 사람.

*沌沌(돈돈) ; 물결이 잇닿아 치는 모양, 어리석고 분별이 없는 모양,

*俗人(속인) ; 보통 사람, 세속적인 사람.

*昭昭(소소) ; 사리가 환하고 뚜렷함, 밝은 모양.

*昏昏(혼혼) ; 어두컴컴하다, 헝클어지다, 혼미하다, 가물가물하다, 몽롱하다.

*察察(찰찰) ; 사물을 똑똑히 분별하는 모양.

*悶悶(민민) ; 매우 딱함.

*頑(완) ; 완고하다, 미련하다, 무디다.

*鄙(비) ; 더럽다, 비루하다.

■ 絶學無憂
　절 학 무 우

"배움을 끊으면 근심이 없다."

{배움도 역시 유위(有爲)로서 세속의 학문을 가리킨다. 또한 정교와 예악의 학문, 특히 예의 법도와 관련된 학문을 가리키는 것으로, 사람은 알기 때문에 번민이 생긴다. 학문, 특히 예(禮)에 관한 학문 같은 것을 버리면 비로소 근심이 없어진다.}

■ 人之所畏 不可不畏
　인 지 소 외　불 가 불 외

"뭇 사람들이 두려워하는 바를 나라고 두려워하지 않을 리가 있으랴."

{사람들이 두려워하여 감히 하지 못하는 것은 모두가 두려워하지 않을 수 없는데, 그런 일은 대단히 많고, 다 그렇게 할 수가 없다. 이런 것들이 배우는 사람에게 있어서 근심거리가 되는 이유다.}

■ 衆人熙熙 如享太牢 如登春臺
　중 인 희 희　여 향 태 뢰　여 등 춘 대

"뭇사람들 희희낙락하네. 태뢰를 차려놓고 향연 벌인 듯 누각에 올라 봄을 맞는 듯하구나."

{태뢰는 고대에 제를 지낼 때 소·양·돼지 등 세 가지 가축을 모두 갖춘 것. 뒤에는 소만 바치게 되었다. "봄에 누대에 오르는 듯하다"는 것은, 봄에는 음양이 서로 교합하고 만물이 그에 응하여 자라나므로 누대에 올라 그것을 바라보면 마음이 풀어지는 느낌을 가리킨다.}

■ 俗人昭昭 我獨昏昏 俗人察察 我獨悶悶

_{속인소소 아독혼혼 속인찰찰 아독민민}

"세상 사람들은 환히 밝은데, 나만 홀로 어둡구나. 세상 사람들은 똑똑한데 나만 홀로 어리석구나."

{세간의 사람들은 똑똑한데 나 홀로 왜 이리 흐리멍덩할까? 세간의 사람들은 잘도 살피는데, 나 홀로 왜 이리 답답할까? 뭇사람들은 모두 쓸모가 있는데, 나 홀로 왜 이리 완고하고 비천하여 쓸모가 없을까(衆人皆有以 而我獨頑似鄙)? 나만 홀로 사람들과 다르니, 그저 먹고사는 데 힘쓰리라.

세속의 사람과 『나』를 비교하는 말이다. 여기에서 『나』는 얼핏 불행한 처지인 것 같지만, 실제로는 걱정거리가 없다. 양지가 그늘로 변하면 양지에 있던 사람은 추위를 느낀다. 하지만 미리 그늘에 있던 사람은 세상이 어떻게 변하든 걱정할 것이 없는 것이다.}

貴食母
귀 식 모

"식(食)과 모(母)를 귀히 여긴다."

{어머니에게 길러짐을 귀하게 여긴다는 말로서, 인간은
자연의 품에서 양육을 받아 자라나는 것이 가장 존귀한 것
이 된다. 母란 모성을 일컫는 것이다. 모성이란 무조건적인
사랑을 의미하기도 하지만 우리가 태어나는 뿌리, 즉 母는
자연을 지칭한다.}

제21장

큰 덕의 모습은 오직 道를 따르는 것이다

| 孔德之容 唯道是從. 道之爲物 唯恍唯惚. 惚兮恍兮其中有象. 恍兮惚兮其中有物. 窈兮冥兮其中有精. 其精甚真. 其中有信. 自古及今, 其名不去以閱衆甫. 吾何以知衆甫之狀哉! 以此. |

큰 덕의 모습은

오직 道를 따르는 것이다.

道라는 것은 황(恍)하고 홀(惚)하다.

알 수 없구나! 그 안에 모습이 있고,

알 수 없어! 그 안에 존재가 있네.

그윽하고 어둡구나! 그 안에 실상이 있다.

그것은 너무나 참되어 미더움이 있다.

예로부터 지금까지 그 이름이 사라지지 않았다.

이로써 만물의 시작임을 알 수 있다.

내가 어떻게 만물의 시작을 알 수 있겠는가?

이 때문이다.

*孔德(공덕) ; 큰 덕.

*恍(황) ; 황홀하다, 멍하다, 어슴푸레하다.

*惚(홀) ; 황홀하다, 흐릿하다, 가물가물하다.

*窈(요) ; 그윽하다, 얌전하다.

*冥(명) ; 어둡다. 흔히 사후세계를 명계(冥界)라 한다.

*甚(심) ; 매우, 심하다.

*閱(열) ; 두루 둘러보다.

*衆甫(중보) ; 여기서는 만물의 시작이라는 뜻이다.

*以此(이차) ; 이로써. 위 문장을 모두 받는다.

■ 孔德之容 唯道是從
　　공 덕 지 용　유 도 시 종

"큰 덕의 모습은 오직 道를 따르는 것이다."

{높고 크고 깊은 덕을 갖춘 사람의 모습은 오로지 도(道)를 따라가는 것뿐이다.

도라는 것은 있는 듯도 하고, 없는 듯도 하다. 없는 듯 있는 듯 그 가운데 상(象)이 있고, 있는 듯 없는 듯 그 가운데 사물이 있다. 어둡고 컴컴한 듯 그 가운데 정수(精髓)가 있어 그것은 심히 참되고 그 가운데 믿음이 있다. 예로부터 지금까지 그 이름이 사라지지 않으니, 이로 보아 모든 것의 시작임을 알 수 있다. 나는 어찌하여 모든 것이 시작되는 모습을 알 수 있는가? 도를 따르기 때문이다.}

제22장

휘면 온전해지고, 굽으면 곧게 되며
패였으면 채워지고, 해지면 새로워진다

| 曲則全, 枉則直, 窪則盈, 敝則新, 少則得, 多則惑. 是以聖
人抱一爲天下式. 不自見故明 ; 不自是故彰 ; 不自伐故有功 ;
不自矜故長 ; 夫唯不爭, 故天下莫能與之爭. 古之所謂 : 曲則
全者 豈虛言哉! 誠全而歸之. |

굽으면 온전해지고, 휘면 곧게 되며
패였으면 채워지고, 해지면 새로워진다.
적으면 얻게 되고, 많으면 미혹해진다.
그래서 성인은 하나를 품어 세상의 본보기로 삼는다.
스스로 드러내지 않으니 밝고,
스스로 옳다 하지 않아 드러나며,
자랑하지 않아 공이 있고,
스스로 뽐내지 않아 오래간다.
싸우지 않으니 천하가 더불어 싸움을 걸 수 없다.
옛 말에 굽으면 온전해진다 하였는데 빈말이겠는가.
참되게 온전해져서 돌아감이다.

*枉(왕) ; 굽다.

*窪(와) ; 움푹 팬 곳.

*自見(자현) ; 스스로를 드러내다.

*彰(창) ; 뚜렷하다, 현저하다, 두드러지다, 분명하다.

*自伐(자벌) ; 스스로 자랑하다.

*虛言(허언) ; 사실이 아닌 것을 사실인 것처럼 꾸며대어
  말함.

■ 曲則全 枉則直 窪則盈 敝則新
  곡 즉 전 왕 즉 직 와 즉 영 폐 즉 신

"굽으면 온전해지고, 휘면 곧게 되고, 웅덩이지면 차게
되고, 낡으면 새로워진다."

{이렇게 성인은 하나를 품어 천하의 원칙으로 삼는다. 자
신을 내보이지 않으니 밝고, 스스로 옳다 하지 않아 드러나
며, 자랑하지 않아 공이 있고, 뽐내지 않아 오래간다. 싸우지
않으니 천하가 싸움을 걸 수 없다. "옛말에 굽으면 온전해
진다 하였는데 헛말이겠는가. 참되게 온전해져서 돌아가는
것이다(古之所謂 曲則全者 豈虛言哉 誠全而歸之)."

나무가 구부러져서 재목으로는 쓸모가 없다면, 사람들이
쓸모없는 나무를 거들떠보지도 않고 베어가지도 않기 때문
에 나무 자체로서는 오랫동안 생명을 온전하게 보전할 수가

있다. 이 "곡즉전(曲則全)"이라는 말은 구부러져 쓸모없이 방치된 나무처럼 세간적인 측면에서 쓸모없음같이 보이는 도인의 무위적인 도는 온전하게 보존된다는 비유적 측면도 있다.}

■ 少則得 多則惑
소 즉 득   다 즉 혹

"적게 가지고 있으면 곧 더 얻게 되며, 많이 가지고 있으면 오히려 미혹된다."

{적게 가진 자는 오히려 더 얻는다는 즐거움이 있다. 많이 가지게 되면 새로운 것을 얻어도 특별히 얻었다는 기쁨을 느끼지 못한다. 많이 가진다는 것은 즐거운 것 같지만, 사실은 어느 것을 써야 할지 갈피를 잡지 못하고 헤매게 된다. 이처럼 학문이나 지식이 많으면 사상의 헤맴도 많게 된다.

"굽으면 온전할 수 있고, 휘어지면 바로 펼 수 있다. 움푹 파인 구덩이는 가득 채워질 수 있고, 낡으면 새로워질 수 있고, 적게 가지면 얻을 수 있고, 많이 가지면 미혹된다(曲則全 枉則正 洼則盈 敝則新 少則得 多則惑)."이것이 노자의 이른바 역설적 "정언약반(正言若反)"식 철학이다.}

■ 是以聖人抱一爲天下式
　시 이 성 인 포 일 위 천 하 식

"이렇게 성인은 하나를 품어 천하의 원칙으로 삼는다."

{굽으면 온전해지고, 휘면 곧게 되며, 우묵하면 채워지고, 해지면 새롭게 된다. 적으면 얻게 되지만, 많으면 어지러워진다. 그러므로 성인은 하나를 품어 천하의 법으로 삼는다.}

■ 不自見 故明 不自是 故彰 不自伐 故有功
　부 자 현 　 고 명 　 부 자 시 　 고 창 　 부 자 벌 　 고 유 공

不自矜 故長 夫唯不爭 故天下莫能與之爭
부 자 긍 　 고 장 　 부 유 부 쟁 　 고 천 하 막 능 여 지 쟁

"스스로 드러내지 않으니 밝게 빛나며, 스스로 옳다 하지 않으니 두드러지고, 스스로 과시하지 않으니 공이 있으며, 스스로 자만하지 않으니 오래 지속된다. 싸우지 않으니 천하가 싸움을 걸 수 없다."

{자신의 관점으로 보지 않기 때문에 명철한 인식에 도달하고, 자신을 긍정하지 않으니 오히려 두드러지게 되며, 자신을 드러내려 하지 않기 때문에 업적이 있게 되고, 자기를 자랑하지 않기 때문에 지도자가 된다. 모름지기 다투지 않기 때문에 이 세상에 누구도 그와 다툴 수 없다.}

제23장

말을 아끼고 자연에 따른다

| 希言自然. 故飄風不終朝, 驟雨不終日. 孰爲此者? 天地. 天地尚不能久, 而況於人乎? 故從事於道者, 同於道. 德者同於德. 失者同於失. 同於道者 道亦樂得之 ; 同於德者 德亦樂得之 ; 同於失者 失亦樂得之 信不足焉 有不信焉. |

말을 아끼고 자연에 따른다.

회오리바람은 아침나절 내내 불지 않고,

소나기도 종일 내리지 않는다.

누가 이렇게 하는가?

하늘과 땅이다.

하늘과 땅마저 변치 않을 수 없는데,

하물며 사람이겠는가.

따라서 도를 따라 일을 하는 자는,

도를 따르면 도와 같아지고,

덕을 따르면 덕과 같아지며,

잘못을 따르면 잘못과 같아진다.

도를 따르면, 도 역시 기꺼이 받아들이고,

덕을 따르면, 덕 역시 기꺼이 받아들이며,
잘못을 따르면, 잘못 역시 기꺼이 받아들인다.
믿음이 넉넉지 않으면,
믿지 않음이 있을 뿐이다.

*希言(희언) ; 말을 적게 한다.

*然(연) ; 이와 같다, 이루어지다.

*希(희) ; 稀와 같이 드물다는 뜻.

*飄風(표풍) ; 회오리바람.

*驟雨(취우) ; 소나기.

*德(덕) ; 덕, 도덕, 베풀다, 크다.

*失(실) ; 잃다, 잘못, 과오.

■ 希言自然
　희 언 자 연

　"말을 아끼고 자연에 따른다."

{말을 아끼는 것이 얼마나 중요한 것인지를 일깨우는 대
목이다. 언어는 양날의 칼이다. 진실을 왜곡하기도 하지만,
언어의 치명적 결함을 포착하고, 언어를 바르게 사용하면
진실과 정의를 대변하고 증거할 수 있다. 자연은 인위적인
언어를 사용하지 않고도 원활하게 의사소통을 하면서 천지

만물이 조화와 일치를 이루며 공생하고 있다.

　고도의 언어체계까지 갖춘 인간이 위선과 허구에 사로잡혀 언제까지 비참하고 허망한 세상에서 살아야 하는가.

　희언(希言)은 무언(無言)이라고 할 수도 있다.}

　【成語】 희언자연(希言自然) ; 말을 아끼는 것이 자연의 道이다.

　『희언(希言)』은 말을 많이 하지 말라는 교훈이다. 그래서 이 교훈은 제5장의 "말이 많으면 빨리 궁해진다(多言數窮)"는 교훈과 비교된다. 『자연(自然)』이라는 말에서 『연(然)』은 『그러하다』 또는 『이루어지다(成)』는 뜻이다. 곧 자연은 스스로 그러한 것 또는 스스로 이루어진 것이다.

　노자의 자연에 대한 개념은 물리적 자연에서 추상되었지만 그것은 무엇보다 교훈을 주는 자연이며, 무위의 자연이다. "회오리바람도 아침 내내 불지 않고, 소나기도 하루 종일 내리지는 않으니(飄風不終朝 驟雨不終日), 누가 이렇게 한 것인가? 하늘과 땅도 오래가지 못하는데, 하물며 사람이겠는가?

　그러므로 도를 좇아 일하는 사람은, 도와 함께 한다. 덕을 지닌 사람에게는 덕으로 함께 한다. 잃음의 길을 따르는 사람에게는 잃음과 함께 한다. 도를 지닌 사람과 함께 하면

도 역시 그를 얻어 즐거워한다. 덕을 지닌 사람과 함께 하면 덕 역시 그를 얻어 즐거워한다. 잃은 사람과 함께 하면 잃음이 그를 얻어 즐거워한다. 믿음이 부족하고 믿지 않음이 있다.

아주 오랫동안 만나지 못한 친구가 우연히 찾아오면 『희객(希客)』이라고 부르는데, 자주 못 만나는 귀한 손님이라는 뜻이다. 『희언』 역시 평상시에는 비교적 사용하지 않는 명언이다. 말하자면 "말없는 말, 말히지 않는 말함"이라는 뜻일 것이다. 형이상학적인 최고의 도리는 적당한 문자로 표현할 수 없는데, 이것이 바로 『희언』의 뜻이라 할 것이다.

■ 飄風不終朝 驟雨不終日
표 풍 부 종 조 취 우 부 종 일

"회오리바람은 아침 내내 불지 않고, 소나기는 하루 종일 내리지 않는다."

{아무리 세력이 강해도 오래 가지 않는다는 말로서, 『화무십일홍(花無十日紅)』과도 같은 말이다.

삶을 살다 보면 누구나 고난과 역경을 만나게 된다. 아무리 재물이 많고, 아무리 높은 지위에 있다 하더라도 역경은 비껴가지 않는다. 또한 피하려 한다고 해서 피할 수 있는 것이 아니다. 그래서 오히려 당당하게 맞서거나, 역경이 지나가기를 참고 기다리는 것 또한 삶을 살아가는 지혜인 것이다. 예기치 않은 일에 맞닥뜨리더라도 道와 德에 동화되어 기꺼이 조급함을 버리고 항상 여유를 가지고 삶을 살아가라는 말이다.

말이 적은 것이 자연스럽다. 그러므로 사나운 바람은 아침을 넘기지 못하고, 소나기는 하루를 넘기지 못한다. 누가 이렇게 하는가? 그것은 천지(天地)다. 이 천지도 오래 갈 수 없는데, 하물며 사람에게 있어서이겠는가?

그러므로 도(道)를 따르는 사람은 도에 동화되고, 덕을 따르는 사람은 덕에 동화되고, 실(失)이면 실(失)과 같이 한다. 道에 동화되려는 자는 道가 또한 그를 기꺼이 받아들이고, 德에 동화되려는 자는 德이 또한 그를 기꺼이 받아들이고, 失과 같이하는 자는 失 역시 이를 얻음을 즐긴다. 믿음이 부족하면 믿지 않음이 있을 뿐이다(故從事於道者 同於道 德者同於德 失者同於失 同於道者 道亦樂得之 同於德者 德亦樂得之 同於失者 失於樂得之 信不足焉 有不信焉).}

제24장

까치발로는 단단히 서지 못하며,
가랑이를 한껏 벌린 채로는 오래 걸을 수 없다.

| 跂者不立, 跨者不行. 自見者不明, 自是者不彰. 自伐者無功, 自矜者不長. 其在道也, 曰餘食贅行. 物或惡之, 故有道者不處. |

까치발로는 단단히 서지 못하며,
가랑이를 한껏 벌린 채로는 오래 걸을 수 없다.
스스로를 드러내려는 이는 빛나지 못하며,
스스로를 옳다고 여기는 이는 드러나지 않는다.
스스로를 자랑하는 이는 공이 없으며,
스스로에게 만족하는 이는 오래가지 못한다.
그것들은 도에 있어서
먹다 남은 밥이나 군더더기 행동과 같다.
만물은 혹 이런 것을 싫어할 것이기에,
도를 따르는 이는 결코 그것에 머물지 않는다.

*跂(기) ; 발끝으로 서다, 도모하다, 꾀하다.

*跨(과) ; 넘을 과, 걸터앉을 고. 사타구니.

*彰(창) ; 드러나다, 나타내다, 밝다, 뚜렷하다.

*伐(벌) ; 뽐내다, 치다, 자랑하다.

*矜(긍) ; 자랑하다, 불쌍히 여기다.

*贅(췌) ; 혹, 군더더기.

企者不立 跨者不行

"까치발로는 오래 서 있지 못하고, 가랑이를 한껏 벌려 걷는 걸음으로는 멀리 가지 못한다."

{발돋움질을 한다는 것은 까치발로 자기 키를 크게 돋보이게 하려고 애쓴다는 말이며, 억지로 자신을 내세우려고 의도하는 행동은 오래 견디지 못한다는 의미다. 다리를 한껏 벌려 내딛는다는 것은 억지로 일으키는 과욕적 행동은 오래가지 못한다는 의미다. 따라서 억지로 자기를 내세우거나 무엇인가 의도적으로 하려고 과욕을 부리면 오래 못 견딘다는 의미인 것이다.}

自見者不明 自是者不彰 自伐者無功 自矜者不長

"스스로를 내보이려고 하는 사람은 빛나지 못하며, 스스로를 옳다 하는 이는 드러나지 않는다."

　{자기 스스로를 드러내려는 사람은 밝지 못하고, 스스로 옳다고 하는 사람은 돋보이지 않는다는 뜻으로, 자기 자신만을 드러내려 하고 옳다고 하는 사람은 다른 사람을 제대로 볼 수 없게 되고, 다른 사람보다 두드러지게 드러나는 것도 없게 된다는 의미다. 곧 타인과 사회 속에서의 공존과 공유가 아닌 허식(虛飾)에 사로잡힌 자만으로 인해 바른 가치를 얻지 못한다는 뜻이다. '見'은 '건'으로 읽으면 "자기를 본다"는 뜻에서 자기 주관만 따른다는 뜻이 되고, '현'으로 읽으면 자신만을 드러낸다는 뜻이 된다.}

■ 自伐者無功 自矜者不長
　자 벌 자 무 공 　자 긍 자 불 장

　"스스로를 자랑하는 이는 공이 없으며, 스스로에게 만족하는 이는 오래가지 못한다."

　{스스로 뽐내는 사람은 공을 이룰 수 없고, 스스로 자랑하는 사람은 오래가지 못한다는 뜻으로, 자기 과시와 자랑을 일삼게 되면 결국 공도 헛되게 되고 오래 갈 수 없다는 의미다. 역시 앞 구절에 이어서 허위에 빠진 쓸모없는 행위로 인해 올바른 가치마저 잃어버리게 된다는 뜻이다.

　그것들은 도에 있어서 먹다 남은 밥이나 쓸모없는 군더

더기 행동과 같다. 모든 것은 아마도 이런 것을 싫어할 것이기에, 도를 가진 이는 결코 그것에 머무르지 않는다(其在道也 曰餘食贅行 物或惡之 故有道者不處).}

제25장

하늘은 도를 따르고,
도는 자연을 따른다.

| 有物混成, 先天地生. 寂兮寥兮, 獨立不改, 周行而不殆, 可
以爲天下母. 吾不知其名, 强字之曰道. 强爲之名曰大. 大曰
逝, 逝曰遠, 遠曰反. 故道大、天大、地大、人亦大. 域中有四
大, 而人居其一焉. 人法地, 地法天, 天法道, 道法自然. |

섞여 이루어진 물건이 있었으니,

천지보다 먼저 생겨났다.

형체도 없고 소리도 없이

변함없이 홀로 서 있구나.

두루 미치면서 지치지 않으니

천하의 어미가 될 만하구나.

나는 그 이름을 알지 못하여,

굳이 이름을 붙이자니 道라 이르고,

억지로 부르자니 '크다'고 한다.

큰 것은 가는(逝) 것이요,

가는 것은 멀어지는 것이며,

멀어지면 되돌아오는 것이다.

그러므로 도가 크고, 하늘이 크며,

땅이 크고, 사람 또한 크다.

천하에는 큰 것이 네 가지가 있는데,

사람이 그 한 자리를 얻는다.

사람은 땅의 법도를 따르고,

땅은 하늘의 법도를 따르며,

하늘은 도를 따르고,

도는 자연을 따른다.

*寂兮寥兮(적혜요혜) ; 형체(形體)도 소리도 다 없다.

*逝(서) ; 가다, 세상을 떠나다, 죽다.

*殆(태) ; 위태롭다, 피곤하다, 지치다.

*域(역) ; 일정한 경계 안의 지역.

*法(법) ; 따르다.

*自然(자연) ; 스스로 그러하다, 자연.

유물혼성 선천지생 적혜요혜 독립불개 주행이불태
有物混成 先天地生 寂兮寥兮 獨立不改 周行而不殆

가 이 위 천 하 모 오 부 지 기 명 강 자 지 왈 도 강 위 지 명 왈 대
可以爲天下母 吾不知其名 强字之曰道 强爲之名曰大

"섞여 이루어진 물건이 있었으니, 천지보다 먼저 생겨났

다. 형체도 없고 소리도 없니 변함없이 홀로 서 있구나. 두루 미치면서 지치지 않으니 천하의 어미가 될 만하구나. 나는 그 이름을 알지 못하여, 굳이 이름을 붙이자니 道라 이르고, 억지로 부르자니 '크다'고 한다."

{섞여서 이루어진 무언가가 있는데, 천지보다 먼저 생겼다. 적막하고 고요하며 홀로 서 있으면서 바뀌지 않는다. 두루 다니면서도 위태롭지 않아서, 천하를 낳는 어머니가 될 수 있다. 나는 그 이름을 알지 못하여, 굳이 그것에 이름을 붙여 글자로 도(道)라고 쓰고, 억지로 이름을 붙여 대(大)라고 부른다.}

■ 故道大 天大 地大 人亦大 域中有四大 而人居其一焉

"그러므로 도가 크고, 하늘이 크며, 땅이 크고, 사람 또한 크다. 우주에는 큰 것이 네 가지가 있는데, 사람이 그 한 자리를 얻는다."

■ 道法自然

"도는 자연을 따른다."

{사람은 땅의 법도를 따르고, 땅은 하늘의 법도를 따르며,

하늘은 도를 따르고, 도는 자연의 법도를 따른다(人法地 地法天 天法道 道法自然).

인간은 그 존엄성을 온전히 유지하기 위해서는 땅을 본받고, 하늘을 본받고, 도를 본받아야 한다. 이러한 법지(法地), 법천(法天), 법도(法道)를 저부 아우르는 말은 결국 『무위자연(無爲自然)』이다. 자연이란 무엇인가? 저절로 그렇게 되어 있는 것이다. 초목이 돋아나는 것도 자연이고, 춘하추동의 계절의 변화도 자연현상이다. 사람이 밟아야 할 길도 역시 자연의 법칙대로 행해야 하는 것이다.}

【成語】무위자연(無爲自然) ; 아무런 손이 가지 않은, 있는 그대로의 자연. 인위적인 손길이 가해지지 않은 자연을 가리키는데, 자연에 거스르지 않고 순응하는 태도를 가리키기도 한다.

무위(無爲)는 중국 철학에서 주로 도가(道家)가 제창한 인간의 이상적인 행위를 이르는 말로서, 자연법칙에 따라 행위하고, 인위적인 작위를 하지 않는다는 말이다. 유가(儒家)는 목적 추구의 의식적 행위인 유위(有爲)를 제창했으나, 도가는 유위를 인간의 후천적인 위선(僞善)·미망(迷妄)이라 하여 이를 부정하는 무위를 제창했다.

또 역설적으로 "무위에서야말로 완성이 있다"고 주장했

다. 그 뒤 도가(道家)만이 아니라 유가(儒家)도 무위를 인간
의 의식을 초월한 고차적인 자연행위, 완성적 행위라고 생
각하게 되었으며, 중세 예술론의 근본개념이 되었다.

『무위자연』은 인위(人爲)를 부정하는 사상 중에서 특
히 노장(老莊) 사상의 기본적 개념을 이른다. 유교의 인의
(仁義)나 형식주의에 대하여 주장된 것으로, 자연 그대로의
이상경(理想境)을 말한다. 《노자》의 무(無)를 천지만물의
근간이라고 하는 사상에 따른다면 『무위자연』은 만물의
본체가 되는 것이다.

인위에 의해서 조작 없이 저절로 그러한 것으로, 도가철
학의 중심사상이다. 자연의 제일의(第一義)는 저절로 그러
하여, 다른 것의 힘을 빌리지 않고 그 자신의 내재된 힘에
의해 그렇게 되는 것이다.

도가에서는 무위와 자연을 도덕의 기준으로 삼아 인위적
으로 무엇인가를 하지 않고 순수하게 자연의 순리에 따르는
삶을 추구한다.

노자는 "사람은 땅을 본보기로 하여 따르고, 땅은 하늘을
본보기로 하여 따르고, 하늘은 도를 본보기로 하여 따르고,
도는 자연을 본보기로 하여 따른다(人法地 地法天 天法道
道法自然)."고 하여 결국 사람이 자연을 본보기로 하여 따

르라는 가르침을 펴고 있다.

《논어》위령공편에서 공자도, "아무런 행위를 하지 않고서도 천하를 다스린 사람은 순(舜)임금일 것이다. 그는 무엇을 했는가? 그는 공손하게 조정에 앉아 있었을 뿐이다(無爲而治者 其舜也與? 夫何爲哉 恭己正南面而已矣)."라 하여, 『무위지치(無爲之治)』를 다스림의 으뜸으로 보고 있다.

제26장

가벼우면 뿌리를 잃고
조급하면 군자를 잃는다

| 重爲輕根, 靜爲躁君. 是以君子終日行, 不離輜重. 雖有榮觀燕處超然. 奈何萬乘之主, 而以身輕天下. 輕則失根, 躁則失君. |

무거움은 가벼움의 뿌리이고,
고요함은 시끄러움의 근원이다.
그러므로 군자는 종일 걸어도
짐을 나눠 지지 않으며,
아무리 구중궁궐이나 왕후 비빈의
후원에 있더라도 초연하다.
어찌 세상의 주인으로서,
몸으로는 천하를 가벼이 여기는가?
가벼우면 뿌리를 잃고,
조급하면 군자를 잃는다.

*躁(조) ; 조급하다, 떠들다, 시끄럽다.

*君(군) ; 군자, 조상.

*輜重(치중) ; 말이나 수레 따위에 실은 짐.

*榮觀(영관) ; 구중궁궐을 의미한다.

*燕處(연처) ; 왕후나 비빈 등이 거처하는 곳.

*超然(초연) ; 우뚝하다, 두드러지다, 초연하다.

*奈(내) ; 어찌.

*奈何(내하) ; 어떻게 …한가? 왜?(반어에 쓰임), 어찌 하다, 어떻게 하다

*萬乘(만승) ; 만대의 병거(兵車)라는 뜻으로, 천자 또는 천자의 자리를 이르는 말.

■ 重爲輕根 靜爲躁君
　중 위 경 근　정 위 조 군

"무거움은 가벼움의 뿌리고, 고요함은 시끄러움의 근원이다."

{무거운 것은 가벼운 것의 뿌리가 되고, 고요함은 조급함을 다스리는 자 된다.

초목에 있어서 그 뿌리는 무겁고 가지나 잎은 가볍다. 즉 무거운 것은 항상 근저(根柢)가 되고 가벼운 것은 그 지엽(枝葉)이 된다. 또 항상 조용한 것은 움직여 바삭대는 것을 지배한다. 중후한 것을 귀하게 존중하고, 경조(輕躁)한 것을

훈계한 말이다.}

■ 輕則失根 躁則失君
경 즉 실 근　조 즉 실 군

가벼우면 뿌리를 잃고, 성급하면 군자를 잃는다.

{무거움은 가벼움의 뿌리요, 고요한 것은 들떠 있는 것을
다스리는 자 된다. 그러므로 성인은 종일 가도 짐을 나누어
지지 않고, 눈을 유혹하는 광경을 보더라도 초연하다. 어찌
하여 만승의 군주로서 몸을 천하에 가볍게 할 것인가. 가볍
게 하면 곧 근본을 잃고, 조급하면 곧 군주를 잃는다.}

제27장

잘 가면 흔적이 남지 않고
좋은 말은 흠잡을 것이 없다

| 善行者無轍迹. 善言者無瑕謫. 善數者不以籌策. 善閉無關楗而不可開. 善結無繩約而不可解. 是以聖人常善救人, 故無棄人. 常善救物, 故無棄物. 是謂襲明. 故善人者不善人之師. 不善人者善人之資. 不貴其師, 不愛其資, 雖智大迷, 是謂要妙. |

잘 가면 흔적이 남지 않고,

좋은 말은 흠잡을 것이 없다.

잘 헤아리는 이는 산가지를 쓰지 않는다.

잘 닫으면 빗장을 걸지 않아도 열리지 않으며,

잘 묶으면 새끼줄을 쓰지 않아도 풀리지 않는다.

그러므로 성인은 항상 사람을 잘 구하니,

버려지는 사람이 없고,

물건을 잘 구하니 버려지는 물건이 없다.

이를 일러 밝음을 입는다고 한다.

따라서 잘하는 자는 못하는 자의 스승이고,

못하는 자는 잘하는 자의 자산이 된다.
스승을 소중히 여기지 않고,
그 돕는 이를 아끼지 않으면,
비록 슬기롭더라도 크게 미혹하니,
이른바 道의 오묘한 요체라는 것이다.

*轍(철) ; 바퀴자국.

*迹(적) ; 자취, 흔적.

*瑕(하) ; 티끌.

*瑕謫(하적) ; 옥에 티, 흠, 잘못, 과오.

*數(수) ; 헤아리다.

*籌策(주책) ; 산가지. 계책, 꾀.

*關楗(관건) ; 관문, 빗장. 사물의 가장 중요한 부분.

*繩(승) ; 노끈.

*約(약) ; 묶다, 약속.

*棄(기) ; 버리다.

*襲(습) ; 공격하다, (옷을) 입다.

*迷 ; 미혹(迷惑)하다, 헷갈리다, 헤매다, 길을 잃다.

*資(자) ; 근본, 천성, 재물, 돕다.

■ ^{선 행 자 무 철 적} 善行者無轍迹 ^{선 언 자 무 하 적} 善言者無瑕謫 ^{선 수 자 불 이 주 책} 善數者不以籌策

"길을 잘 가는 사람은 자취를 남기지 않고, 말을 잘하는 사람은 흠을 남기지 않으며, 셈을 잘 하는 사람은 산가지를 쓰지 않는다."

{흠이 없다는 것은 가운데를 지킨다는 말이고, 산가지를 쓰지 않는다는 말은 전쟁하면 반드시 이긴다는 말이며, 인생도 발자국을 후세에 남기지 않는 것이 참된 인간의 모습이다. 선행(善行)은 가장 잘 걷는 걸음걸이. 철적(轍迹)은 수레바퀴가 지나간 자취. 주책(籌策)은 산가지.}

■ ^{선 폐 무 관 건 이 불 가 개} 善閉無關楗而不可開 ^{선 결 무 승 약 이 불 가 해} 善結無繩約而不可解

"잘 닫으면 빗장을 걸지 않아도 열리지 않으며, 매듭을 잘 지으면 새끼줄이나 끈을 쓰지 않지만 풀 수가 없다."

{풀 수 없다는 것은 단서가 없다는 것이다. 이와 반대로 마음의 결합이 없으면 어떤 약조를 하더라도 소용없게 된다.}

■ ^{선 인 자 불 선 인 지 사} 善人者不善人之師 ^{불 선 인 자 선 인 지 자} 不善人者善人之資

"선한 자는 악한 자의 스승이고, 악한 자는 착한 사람의 거울이 된다."

　{악인은 선인의 반성의 자료가 된다. 따라서 세상에는 버릴 것이라고는 없는 것이다.}

■ <ruby>不<rt>불</rt></ruby><ruby>貴<rt>귀</rt></ruby><ruby>其<rt>기</rt></ruby><ruby>師<rt>사</rt></ruby> <ruby>不<rt>불</rt></ruby><ruby>愛<rt>애</rt></ruby><ruby>其<rt>기</rt></ruby><ruby>資<rt>자</rt></ruby> <ruby>雖<rt>수</rt></ruby><ruby>智<rt>지</rt></ruby><ruby>大<rt>대</rt></ruby><ruby>迷<rt>미</rt></ruby> <ruby>是<rt>시</rt></ruby><ruby>謂<rt>위</rt></ruby><ruby>妙<rt>묘</rt></ruby><ruby>要<rt>요</rt></ruby>

　"스승을 소중히 여기지 않고, 그 돕는 이를 아끼지 않으면, 비록 슬기롭더라도 크게 미혹하니, 이른바 道의 오묘한 요체라는 것이다."

　{스승을 귀하게 여기지 않고, 돕는 이를 아끼지 않는 것은 자신이 가장 똑똑하다고 생각하기 때문이다. 그런 것이 이 글에서 경계하는 총명을 드러내는 일이다. 그러므로 스승과 돕는 자를 귀하게 여겨야 하며, 그렇게 해야만 미혹되지 않는다.}

제28장

수컷을 알고, 암컷을 지키면
천하의 계곡이 된다

| 知其雄, 守其雌, 爲天下谿. 爲天下谿, 常德不離, 複歸於嬰
兒. 知其白, 守其黑, 爲天下式. 爲天下式, 常德不忒, 複歸於
無極. 知其榮, 守其辱, 爲天下谷. 爲天下谷, 常德乃足, 複歸
於樸. 樸散則爲器, 聖人用之則爲官長. 故大制無割. |

수컷을 알고,
암컷을 지키면,
천하의 계곡이 된다.
천하의 계곡이 되어,
언제나 덕이 갈라지지 않으면,
다시 갓난아이로 돌아간다.
그 흰 것을 알고
그 검은 것을 지키면,
천하의 형상이 된다.
천하의 형상이 되어,
덕이 언제나 변하지 않으면,

다시 무극으로 돌아간다.
영광스러움과 욕됨을 알고 거두어,
천하의 계곡이 된다.
천하의 계곡이 되어,
덕이 비로소 늘 넉넉해지면,
다시 통나무로 돌아간다.
통나무를 쪼개면 그릇이 되고,
성인을 그릇으로 쓰면, 곧 지도자가 된다.
그러므로 크게 만들 것은 쪼개지 않는다.

*雄(웅) ; 수컷, 웅대한, 강력한.
*雌(자) ; 암컷, 유약하다.
*雌雄(자웅) ; 암컷과 수컷, 승패, 승부.
*忒(특) ; 틀리다, 어긋나다, 착오, 오류.
*無極(무극) ; 끝이 없음. 동양철학에서 태극의 처음 상태
  를 일컫는 말.
*乃(내) ; 더구나, 도리어, 비로소.
*足(족) ; 발, 뿌리, 근본, 넉넉하다.
*樸(박) ; 질박하다, 꾸민 데가 없이 수수하다, 통나무.
*官長(관장) ; 백성이 수령을 높여 부르던 말.

■ ^{지 기 웅} ^{수 기 자} ^{위 천 하 계}
知其雄 守其雌 爲天下溪

^{위 천 하 계} ^{항 덕 불 리} ^{복 귀 어 영 아}
爲天下溪 恒德不離 復歸於嬰兒

"수컷을 알고 암컷을 지키면 천하의 계곡이 된다. 천하의 계곡이 되면 언제나 덕이 떠나지 않는다. 덕이 떠나지 않으면 갓난아이로 되돌아간다."

{수컷의 성질이 무엇인지 알고 그것을 따르려면 어떻게 행동해야 하는지 알지만, 그렇게 하지 않고 암컷의 성질을 지킨다는 것이다. 수컷의 성질은 한 마디로 앞에 나서는 것이고, 암컷의 성질은 몸을 뒤로 물리는 것이다. 갓난아이란 무지를 함축한다. 하지만 어린아이는 또 무욕을 상징할 수도 있고, 소박을 의미할 수도 있다.}

■ ^{대 제 무 할}
大制無割

"크게 만들 것은 쪼개지 않는다."

{가장 최상의 제작품은 결코 쪼개거나 끊어 손을 가한 것이 아니다. 사람도 최상의 인물은 어설픈 지식 따위로 잔재주를 부리지 않는다. 가령 목재는 다듬어야 그릇을 만들 수가 있다. 그러나 이런 그릇 따위는 결국은 쓰이게 된다. 쓰인다는 것은 자기를 지배하는 자가 있다는 것이다. 그와 반

대로 다듬지 않은 갓 베어낸 통나무(樸)처럼 아무 쓰임새가
없는 것은 사람의 지배를 받지 않는다. 최상의 물건이라 할
수 있는 것이다.}

제29장

천하를 얻고자 무언가를 하고자 한다면
얻기 어려울 것이다

| 將欲取天下而爲之, 吾見其不得已. 天下神器, 不可爲也, 爲者敗之, 執者失之. 夫物或行或隨, 或嘘或吹, 或强或羸, 或載或隳. 是以聖人去甚, 去奢, 去泰. |

천하를 얻고자 무언가를 하고자 한다면,
나는 얻기 어려울 것이라 생각한다.
천하는 신묘한 그릇이어서,
무엇인가를 할 수가 없다.
굳이 하려고 하면 실패할 것이고,
잡으려고 하면 잃을 것이다.
그리하여 물건이 앞서 갈 때도 있고 따라갈 때도 있으며,
바람이 뜨겁게 불기도 하고 차게 불기도 하며,
강하기도 하고 약하기도 하며,
꺾이기도 하고 무너지기도 한다.
따라서 성인은 심한 것, 사치한 것, 지나친 것을 버린다.

*隨(수) ; 따르다, 추종하다.

*噓(허) ; 불다, 숨을 바깥으로 내보내다.

*吹(취) ; 불다, 불 때다, 불태우다.

*羸(리) ; 야위다, 수척하다, 허약하다.

*載(재) ; 싣다, (머리에) 이다, 오르다, 올라타다.

*隳(타) ; 무너뜨리다.

*奢(사) ; 사치하다, 지나치다.

*泰(태) ; 크다, 지니치다.

■ 將欲取天下而爲之 吾見其不得已

"장차 천하를 얻고자 하여 뭔가를 하고자 한다면, 나는 얻기 어려울 것으로 생각한다."

{이 때문에 성인이 백성 위에 자리하려고 할 때는 반드시 그 말을 낮추고, 백성 앞에 자리하려고 할 때는 반드시 그 몸을 뒤로 한다. 그러므로 앞에 있더라도 백성들은 해롭다고 여기지 않고, 위에 있더라도 백성들은 무겁다고 여기지 않는다.

천하를 어떻게 취할 것인가는 하는 것은 《노자 도덕경》의 주요한 주제 가운데 하나다. 노자는 여러 번 이에 대해 언급하고 있다. 66장에서는, "성인이 백성의 위에 오르려면 반드시 그 말을 낮추고, 백성들보다 앞서려고 하면 반드시 그 몸을 뒤로 한다. 그러므로 백성은 성인이 위에 있어도 무겁게 느끼지 않으며, 성인이 앞에 있어도 해롭다고 느끼지 않는다. 그러므로 천하가 성인을 즐겨 추대하여 싫어하지 않는다. 성인이 다투지 않으니, 천하는 그와 다툴 수 없다."

천하란 시세의 흐름을 타고 자연스럽게 손에 쥘 수 있는 것이지, 억지로 차지할 수 있는 것이 아니다.

무릇 천하는 신명스러운 그릇이니. 억지로 할 수 있는 것이 아니다. 억지로 하면 그르칠 것이고, 잡으려 하면 잃을 것이다. 사물은 혹은 앞서 나가기도 하고 혹은 따르기도 하며, 혹은 뜨겁기도 하고 혹은 차갑기도 하며, 혹은 강하기도 하고 혹은 꺾이기도 하며, 혹은 북돋우기도 하고 혹은 망치기도 한다. 그러므로 성인은 심한 것, 사치한 것, 지나친 것을 버린다.}

■ 天下神器 不可爲也
천하신기　불가위야

"천하는 신묘한 그릇으로, 무엇인가를 할 수가 없다."

{무릇 천하는 신명스러운 그릇이므로 억지로 할 수 있는 것이 아니다. 억지로 하는 자는 그르칠 것이고, 잡으려는 자

는 잃을 것이다. 만물은 자연을 본성으로 삼기 때문에 따를 수는 있어도 억지로 할 수는 없고, 통할 수는 있어도 잡을 수는 없다.}

■ 去甚 去奢 去泰

심한 것을 버리고, 지나친 것을 버리고, 몹시 큰 것을 버린다.

{심(甚)・사(奢)・태(泰) 3자는 모두 적극적인 것을 표시하는 것으로, 이런 적극을 삼가하고 소극으로 하여 중용(中庸)을 얻으면 심(甚)이 되지 않고, 검소하면 사(奢)가 되지 않고, 검약하면 태(泰)가 되지 않는다. 이상생활의 가르침이다. 천하를 억지로 취하려는 것과 극성한 상태를 유지하려는 것은 모두 자연에 반하는 행동이므로 성인이 취하지 않는다.}

제30장

도로써 임금을 보좌하는 사람은
병력으로 천하에 강해지려 하지 않는다

│ 以道佐人主者, 不以兵強天下. 其事好還. 師之所處 荊棘生 焉. 軍之後必有凶年. 善有果而已, 不敢以取強. 果而勿矜. 果 而勿伐. 果而勿驕. 果而不得已. 果而勿強. 物壯則老, 是謂不 道, 不道早已. │

도로써 임금을 보좌하는 사람은,
병력으로 천하에 강해지려 하지 않는다.
그런 일은 뒤바뀌기 마련이다.
군대가 머문 자리에는 가시덤불만이 무성하고,
큰 군사를 일으킨 뒤에는 반드시 흉년이 든다.
군사에 능한 자는 이루면 곧 그치고,
감히 힘을 취하려 하지 않는다.
이루되 뽐내지 않고,
이루되 자랑하지 않으며,
이루되 교만하지 않고,
이루되 부득이한 일이었다고 하며,

이루되 힘으로 하지 않는다.
만물은 성하면 곧 늙는 법이므로,
이는 도에 맞지 않으니,
도가 아니면 일찍 끝나버린다.

*佐(좌) ; 돕다, 보좌하다.

*好(호) ; 곧잘, 자주.

*師(사) ; 군사, 대군(大軍).

*荊棘(형극) ; 나무의 가시, 고난의 길을 비유하여 이르는
말.

*矜(긍) ; 자랑하다, 불쌍히 여기다.

*勿(물) ; 말다, 아니다, 없다.

*伐(벌) ; 치다, 정벌하다, 베다.

*驕(교) ; 교만하다, 우쭐거리다.

■ 師之所處 荊棘生焉

"군대가 머문 자리에는 가시덤불만이 무성하다."

{군사가 머물면 민력을 빼앗아 농사일을 지을 수 없게 되
므로 논밭에서 곡식 대신 가시가 돋아난다.

군사가 머문 자리에는 가시덤불만이 무성하고, 큰 군사를

일으킨 뒤에는 반드시 흉년이 든다. 군사에 능한 자는 이루면 곧 그치며, 감히 힘에 기대지 않는다(師之所處 荊棘生焉 軍之後必有凶年. 善有果而已 不敢以取強).}

■ 物壯則老 是謂不道 不道早已

"만물은 창성하면 반드시 쇠퇴하니, 그를 일러 도가 아니라 한다. 도에 맞지 않으면 일찍 죽을 것이다."

{모든 사물에 있어 왕성할 때가 있으면 반드시 노쇠할 때가 돌아온다. 이것이 천지자연의 이치다. 용병(用兵)의 道를 설명한 병가(兵家)의 말에, "군대는 직(直)을 장(壯)한 것으로 치고 곡(曲)을 쇠퇴한 것으로 친다."고 하였다. 즉 올바른 전쟁이라고 자각하고 있는 군대는 강하다. 그 전쟁이 올바른 목적을 지니지 않았다고 느껴질 때 이미 그 군대는 쇠퇴한 군대가 된다는 것이다.

한편 천지자연의 이치에 따르면 장(壯)한 자, 강한 자는 반드시 쇠퇴할 때가 온다. 그리고 노쇠한 것은, 曲, 즉 본래 올바른 목적을 갖지 않은 것과 통하므로, 군대를 강하게 만드는 것은 결국 악의 길로 빠지게 된다는 것이다.

『물장즉노(物壯則老)』와 비슷한 뜻으로, "사물의 전개가 극에 달하면 반드시 반전한다."는 『물극필반(物極必

反)』은 흥망성쇠는 반복하는 것이므로 어떤 일을 할 때 지나치게 욕심을 부려서는 안 된다는 의미가 담겨 있다.

"달도 차면 기운다"라는『월만즉휴(月滿則虧)』, "흥성한 사람은 반드시 쇠퇴하기 마련"이라는『성자필쇠(盛者必衰)』, "영화롭고 마르고 성(盛)하고 쇠함"이라는 뜻의『영고성쇠(榮枯盛衰)』등의 성어가 있다.}

제31장

사람들을 죽이면, 슬픔에 울고
전쟁에서 이겨도, 죽은 자의 예로 대한다

| 夫佳兵者 不祥之器, 物或惡之, 故有道者不處. 君子居則貴左, 用兵則貴右. 兵者不祥之器, 非君子之器, 不得已而用之, 恬淡爲上. 勝而不美, 而美之者, 是樂殺人. 夫樂殺人者, 則不可得志於天下矣. 吉事尚左, 凶事尚右. 偏將軍居左, 上將軍居右. 言以喪禮處之. 殺人之衆, 以悲哀泣之, 戰勝以喪禮處之. |

무릇 날카로운 무기는 상서롭지 않은 도구이니,
만물이 혹 이것을 싫어한다.
도를 따르는 이는 그것에 처하지 않는다.
군자가 머물 때는 왼쪽을 귀하게 여기고,
용병을 할 때는 오른쪽을 귀하게 여긴다.
병기는 상서롭지 않은 도구이며,
군자의 도구가 아니니,
부득이 써야 할 때라도,
담담하게 하는 것이 먼저다.

이겨도 그것을 아름답다고 하지 않는다.

아름답다고 한다면 사람 죽이는 것을 즐기는 것이다.

무릇 사람 죽이는 것을 즐겨해서는

세상에서 뜻을 이룰 수 없다.

따라서 좋은 일은 왼쪽을 우선하고,

좋지 않은 일은 오른쪽을 우선한다.

지위가 낮은 장군은 왼쪽에 머무르고,

지위가 높은 장군은 오른쪽에 머무르니,

죽은 자의 예의로 대함을 이른다.

사람들을 죽이면, 슬픔에 울고,

전쟁에서 이겨도, 상례(喪禮)로 대한다.

*佳兵(가병) ; 날카로운 무기.

*恬淡(염담) ; 욕심이 없고 담백함.

*偏將(편장) ; 대장의 아래 딸린 부하장수.

*上將(사장) ; 최고 지위의 장수.

*喪禮(상례) ; 죽은 사람을 추도하는 예절.

■ 佳兵者 不祥之器
가 병 자　불 상 지 기

"날카로운 병기는 상서롭지 못한 흉기일 따름이다."

{아무리 좋은 무기라도 상서롭지 못한 기물이니 군자의 기물이 아니며, 부득이하여 그것을 사용한다 하여도 담담한 마음을 상책으로 여긴다. 무릇 무기는 천하의 흉기이며, 용맹은 천하의 흉덕(凶德)이다. 흉기를 들고 흉덕을 행하는 것은 부득이함에서 나온다.}

■ 吉^길事^사尚^상左^좌 凶^흉事^사尚^상右^우

"길한 일에는 왼쪽을 높이고, 흉한 일에는 오른쪽을 높인다."

{그러므로 편장군(지위 낮은 장수)은 왼쪽에 자리 잡고, 상장군(지위 높은 장수)은 오른쪽에 자리 잡으니 상례에 따라 자리 잡는 것이다(偏將軍居左 上將軍居右 言以喪禮處之).

길한 일에는 왼쪽, 상사(喪事)에는 오른쪽이라는 건 일반적 관념의 근거가 되지 못한다. 단적으로 길사(吉事)도 국가의 대사이지만, 상사(喪事)도 역시 대사이기 때문이다. 길사에서 왼쪽을 높였다고 해서 일반적으로 상좌(上左)했다고 할 수 없고, 흉사에서 오른쪽을 높였다고 해서 일반적으로 상우(上右)했다고 할 수 없다.

동양에서 방위를 논할 때 왼쪽은 동쪽을 의미하고 오른쪽은 서쪽을 의미한다. 임금이 남쪽을 향해 좌정할 때 왼쪽은 해가 뜨는 동쪽이며 양(陽)적인 것으로 하늘과 생명, 혹은 남성적인 것으로 비유되고, 오른쪽은 해가 지는 서쪽으로 음(陰)적인 것, 곧 땅이나 죽음 혹은 여성적인 것으로 비유되었다.

그런 점에서 평상시에는 생명을 존중하는 차원에서 왼쪽을 귀히 여긴다면, 전쟁 때에는 병기로 죽음에 처한 자들을 위로하기 위해서 오른쪽을 귀히 여겨야 한다.}

■ 殺人之衆 以悲哀泣之 戰勝以喪禮處之

"사람들을 죽이면 슬픔에 울고, 전쟁에서 이겨도 상례(喪禮)로 대한다."

{부득이한 경우에 군사를 동원하지만, 그것도 희생자들을 생각하여 오른쪽, 곧 죽음을 애도해야 한다는 것이다. 고요하고 담백함에는 평화와 안녕이 있지만, 전쟁은 살육과 보복의 소용돌이를 일으킨다. 전쟁은 온갖 슬픔이 시작되는 출발점이다. 전쟁에 패했을 경우는 그 피해가 말할 필요도 없지만, 비록 승리한다 하더라도 희생자가 있게 마련이므로 그 승리를 기뻐하거나 즐거워해서는 안된다.

전쟁은 어떠한 명분을 붙이더라도 분명 흉한 일이다. 노자는 전쟁을 하지 않는 것이 가장 좋지만, 어쩔 수 없이 하

려거든 "고요하고 담백하게" (욕심 없이 공정하게) 해야 한
다고 한다. 무기를 쓰는 것뿐만 아니라, 사람들의 전통과 제
도를 강요하는 것도 마찬가지다. 사람들이 만든 제도나 오
랫동안 그 문화권에서 지켜온 전통일지라도 그것을 다른 사
람들에게 강요할 때에는 "고요하고 담백하게" (욕심 없이
공정하게) 해야 한다.}

제32장

道가 천하에 있다는 것은
계곡물이 강과 바다를 향하는 것과 같다

│ 道常無名. 樸雖小天下莫能臣也. 侯王若能守之, 萬物將自賓. 天地相合以降甘露, 民莫之令而自均. 始制有名, 名亦既有, 夫亦將知止, 知止可以不殆. 譬道之在天下, 猶川穀之於江海. │

道는 늘 이름이 없다.

소박하고 비록 작지만,

천하의 그 무엇도 신하 삼을 수 없다.

만약 왕후가 이를 지킬 수 있으면,

만물이 스스로 따를 것이다.

하늘과 땅이 모여 단 이슬을 내리듯,

백성은 시키지 않아도 스스로 가지런히 한다.

만들기 시작하면 이름이 생기고,

이미 이름이 있다면,

무릇 멈출 줄 알아야 하고,

멈출 줄 알면 위험하지 않다.

道가 천하에 있는 것을 비유하자면,
계곡물이 강과 바다를 향하는 것과 같다.

*樸(박) ; 순박하다, 질박하다.
*莫能(막능) ; …을 할 수 없다.
*賓(빈) ; 복종하다, 따르다.
*莫(막) ; 없다, 말다, …하지 말라.
*令(령) ; 하여금, 가령, 명령하다, 하게 하다, 시키다.
*制(제) ; 만들다, 제조하다, 마르다, 재단하다.
*殆(태) ; 위태롭다.
*譬 ; 비유하다, 깨우치다.

■ 道常無名 樸雖小 天下莫能臣也

"도는 언제나 이름이 없다. 비록 작은 것이지만, 천하가 감히 신하로 삼을 수 없다."

{통나무(樸)는 비록 작은 것이지만, 천하가 감히 신하로 삼을 수 없다. 만약 왕후가 이를 지킬 수 있으면, 만물이 스스로 따를 것이다. 하늘과 땅이 서로 모여 단 이슬을 내리듯, 백성은 시키지 않아도 스스로 가지런히 한다. 무언가를 만들기 시작하면, 그에 걸맞은 이름이 생기니, 이미 이름이 있

다면, 무릇 멈출 줄 알아야 하고, 멈출 줄 알면 위험하지 않다. 도가 천하에 있는 것을 비유하자면, 계곡물이 강과 바다를 향하는 것과 같다.

구체적인 용도가 없기 때문에 보통은 통나무를 쓸모없다고 생각한다. 하지만 모든 그릇은 통나무에서 나왔기 때문에 통나무야말로 그릇의 모태다. 28장에서 "덕이 족하면 통나무로 돌아간다(常德乃足 復歸於樸)."라고 했듯이, 귀납되는 곳이 통나무, 곧 道다.}

■ 天地相合 以降甘露 民莫之令而自均
　　천 지 상 합　이 강 감 로　민 막 지 령 이 자 균

"하늘과 땅이 서로 모여 단 이슬을 내리듯, 백성은 시키지 않아도 스스로 가지런히 한다."

{ "하늘과 땅이 서로 합하여 단 이슬을 내린다."는 말은 조화를 강조하는 것이다. 42장의 "만물은 음지를 등지고 양지를 껴안아 그 가운데의 기운을 조화롭다고 여긴다(萬物負陰而抱陽 沖氣以爲和)."는 말과 연관된다. 임금이 통나무 같은 덕을 지니고 세상을 다스릴 때는 가장 존귀한 임금조차도 자기를 내세우지 않았기 때문에 어느 누구 하나 명예를 뽐냄이 없이 서로 화합했고 가지런한 관계를 유지할 수 있었다.}

■ ^{시 제 유 명} ^{명 역 기 유} ^{부 역 장 지 지} ^{지 지 가 이 불 태}
始制有名 名亦旣有 夫亦將知止 知止可以不殆

"처음에 제도를 만듦에 명분이 있게 되었으니, 명분이
이미 있다면 또한 장차 그칠 것을 알아야 한다. 그칠 줄 알
면 위태롭지 않다."

{무언가 제도를 만들기 시작하면, 그에 걸맞은 이름이 생
기니, 이미 이름이 있다면 무릇 멈출 줄 알아야 하고, 멈출
줄 알면 위험하지 않다. 그칠 것을 안 이후에 정해짐이 있고,
정한 이후에 고요할 수 있고, 고요해진 이후에 편안할 수 있
고, 편안해진 이후에 생각할 수 있고, 생각한 이후에 얻을
수 있다. 자신의 욕망에 한계를 깨닫고 만족할 줄 아는 것이
몸의 안전을 지키는 길이다.}

■ ^{비 도 지 재 천 하} ^{유 천 곡 지 어 강 해}
譬道之在天下 猶川穀之於江海

"도가 천하에 있는 것을 비유하자면, 계곡물이 강과 바
다를 향하는 것과 같다."

{계곡물이 강과 바다에 이르러 더 이상 흐르지 않고 편안
히 자리하는 것을 보고 道에 비유한 것이다.}

제33장

남을 아는 자는 똑똑하지만
자신을 아는 자는 밝다

| 知人者智, 自知者明. 勝人者有力, 自勝者强. 知足者富. 强行者有志. 不失其所者久. 死而不亡者壽. |

남을 아는 자는 똑똑하지만,
자신을 아는 자는 밝다.
남을 이기는 자는 힘이 있지만,
스스로를 이기는 자는 강하다.
만족할 줄 알면 부유하고,
힘써 행하는 자는 의지가 있고,
그 있을 곳을 잃지 않는 자는 오래가고,
죽어서도 잊히지 않는 사람은 오래 살 것이다.

■ 知人者智 自知者明

"남을 아는 자는 똑똑하지만, 자신을 아는 자는 밝다."

{남을 아는 자는 지혜롭지만, 스스로를 아는 자는 밝다. 남을 아는 자는 지자(智者)에 불과하다. 자기 자신을 아는 것을

최상의 밝음(明)이라 할 수 있다.}

■ 勝人者有力 自勝者强
_{승인자유력 자승자강}

"남을 이기는 자는 힘이 있을 뿐이지만, 자신을 이기는
자가 진정 강한 사람이다."

{남을 이기는 자를 힘이 있다(有力)고 하는데, 남하고 싸워
서 이기는 것은 세속적인 것이다. 현상계에 사는 인간들의 욕
심을 채우기 위한 스스로의 작위이다. 하늘이나 도는 절대 싸
우지 않는다. 따라서 자신을 이긴다 함은 자기의 사리사욕을
극복하고 허정(虛靜)에 돌아감이다. 바로 극기(克己)이다. 강
은 유(柔)를 지키는 것이니, 참으로 강한 것은 유약(柔弱)과
허무(虛無)를 지키는 일이다.

그러나 현대사회는 노자의 이런 가르침과는 정반대의 길
을 추구한다. 현대사회는 생존을 위한 싸움이다. 이 싸움에서
이기는 자만이 살아남는다. 이들은 힘을 숭배하며, 살아남을
힘은 곧 생존의 가치가 되었다. "유약승강강(柔弱勝强剛)"
은 낡은 사상이 되어버렸다.}

【成語】자승자강(自勝者强) ; 자신을 이기는 것을 강(强)
이라 한다는 뜻으로, 자신을 이기는 사람이 강한 사람임을 이
르는 말이다.

"남을 아는 것은 지혜로운 일이다. 그러나 자신을 아는 사람이 참으로 밝은 사람이다. 남을 이기는 것은 힘이 있는 일이다. 그러나 자기를 이기는 것이 가장 강하다(勝人者有力 自勝者强)."

소크라테스도 "너 자신을 알라."고 했다.

왕양명(王陽明)도 "산 속의 도적을 깨뜨리기는 쉬워도 마음속의 도적을 깨뜨리기는 어렵다."고 했다.

공자도 "나를 이기고 예로 돌아가는 것이 인이다(克己復禮爲仁)."라고 했다.

자기를 이긴다는 것은 인간의 육신으로 인한 동물적인 충동과 욕망을 이긴다는 뜻이다. 어떤 외부적인 구속 없이 자기 이성으로 부당한 생각과 유혹을 물리치고 후회 없는 생활을 해나가는 것이 자기를 이기는 것이다.

나폴레옹의 이야기에 이런 것이 있다. 적군의 비밀을 탐색하는 임무를 무사히 마치고 돌아온 두 장교에게 약속한 상금을 준 그는, 그 중 한 사람에게 약속 이외의 상금을 또 주었다. 그리고는 이렇게 말했다.

"그대는 보아하니 겁이 많은 사람이다. 그런데도 불구하고 위험을 무릅쓰고 임무를 수행했다. 자기의 겁 많은 성격을 능히 이겨낸 참다운 용사이므로 그대는 어떤 어려운 일이라도 해낼 수 있는 사람이다."

역시 스스로를 이겨낸 사람이 가장 강하다는 노자의 말과 공통되는 점이 있다. 스스로를 이겨라. 그러면 세상에 두려울 것이 없다.

■ 知足者富
　　지 족 자 부

"만족할 줄 아는 사람은 부유하다."

【成語】 지족자부(知足者富) ; 만족할 줄 아는 사람은 부자라는 뜻.

"남을 아는 것은 지혜로운 일이다. 그러나 자신을 아는 사람이 참으로 밝은 사람이다(知人者智 自知者明). 남을 이기는 것은 힘이 있는 일이다. 그러나 자기를 이기는 것이 가장 강하다(勝人者有力 自勝者强). 스스로 만족할 줄 아는 사람은 부유하다(知足者富). 힘써 해나가는 자는 의지가 있고(强行者有志), 제 자리를 잃지 않는 자는 오래가고, 죽어도 도를 잃지 않는 자는 오래 산다(不失其所者久 死而不亡者壽)."

노자는 속세에서 말하는 지혜와 힘과 도에 입각하여, 참다운 명(明)과 강(强)을 말하였다. 그리고 참다운 부(富)는 지족(知足)에서 얻을 수 있으며, 뜻을 얻는다는 것은 무위자연

(無爲自然)의 도를 끝없이 세차게 행하는 것이라 하였다.

부(富)란 여유가 있다는 뜻이다. 먹고 입고 쓰고 남는 것이 부자다. 그러나 사람은 먹고 입고 쓰는 것이 한이 없다. 한 끼에 한 홉 밥으로 만족한 사람이 있는가 하면, 남이 잘 먹어 보지 못한 요리를 먹기 위해 남이 알까 무서울 정도의 엄청난 돈을 들이는 사람도 있다.

한두 벌 옷으로 몸을 가리면 족한 사람이 있는가 하면, 유행을 따르다 못해 창조를 해가며 매일같이 값비싼 새 옷을 사들이는 여인들도 있다. "아흔아홉 섬 가진 사람이 한 섬 가진 사람보고 백 섬 채우자."고 한다는 말이 있다. 아흔아홉 섬 가진 사람이 한 섬 가진 사람보다 마음이 가난하기 때문인 것이다.

만일 그가 그 한 섬 가진 사람을 보고 마흔아홉 섬을 주어 똑같이 50석씩 가졌으면 하는 마음이 생겼다면 그는 천 석 가진 부자 이상으로 풍족함을 느끼는 사람일 것이다. 부는 마음에 있다. 먹을 것을 걱정하지 않는 성자는 천하의 모든 식량이 다 자신을 위한 것으로 느껴지는 것이다. 하나님은 일용할 양식을 우리에게 준비하고 계시니까.

《설원(說苑)》담총(談叢)에는, "부(富)는 만족할 줄 아는 데 있고(富在知足), 귀(貴)는 물러가기를 구하는 데 있다(貴在

求退)."고 했다.

■ 死而不亡者壽
_{사 이 불 망 자 수}

"죽어서도 잊히지 않는 사람은 오래 살 것이다."

{덕의 가르침으로 그 감화를 만세에 미치게 하는 것은 죽어도 망하지 않는 방법이다. 그것이 참으로 장수하는 것이 된다. 육체가 멸하더라도 후세에 길이 덕(德)을 남기는 것이야말로 진정한 장수(長壽)라는 것.}

제34장

만물을 입히고 기르지만
주인이 되지 않는다

| 大道泛兮, 其可左右. 萬物恃之以生而不辭, 功成而不名有.
衣養萬物而不爲主, 常無欲可名於小. 萬物歸焉, 而不爲主, 可
名爲大. 以其終不自爲大, 故能成其大. |

큰 道는 두루 널려 있어서,

왼쪽과 오른쪽을 모두 포함한다.

만물이 그것(道)을 얻어서 생겨나지만 내놓고 말하지 않는다.

공이 이루어져도 그 이름을 가지지 않고,

만물을 입히고 기르지만 주인이 되지 않으며,

늘 바람이 없으니, 작다고 할 수 있다.

만물이 (道에로) 돌아가지만, 주인이 되지 않으니,

크다고 할 수 있다.

결코 스스로 크려고 하지 않기 때문에,

정말로 커질 수 있는 것이다.

*辭 ; 말하다, 사퇴하다, 알리다.

■ ^{대 도 범 혜} ^{기 가 좌 우}
大道泛兮 其可左右

"큰 도는 두루 널려 있어서, 왼쪽과 오른쪽을 모두 포함한다."

{큰 도는 두루 넘쳐나서 그것은 왼쪽이나 오른쪽으로 흘러간다. 만물은 그것에 의지하여 생겨나지만 말하지 않는다.

도에는 경계가 없으므로 당연히 이런 경계를 넘나들 것이다. 곧 도는 "왼쪽으로도 오른쪽으로도 갈 수 있다."

도의 무소부재, 광대함에 대한 묘사다.

《장자》에도 이런 말이 있다. "도에는 애당초 경계가 없고, 말에는 애당초 항상 된 이치가 없다. 단지 이것 때문에 구별이 있는 것이다. 예컨대 그 구별을 말해 보겠다. 왼쪽이 있고 오른쪽이 있으며, 차례가 있고 의로움이 있으며, 나눔이 있고 가름이 있으며, 다툼이 있고 싸움이 있다."}

■ ^{부 자 위 대} ^{고 능 성 기 대}
不自爲大 故能成其大

"스스로 크려고 하지 않으므로 정말 커질 수 있다."

{성인은 도를 본받은 사람이다. 그러므로 도가 크면서도 스스로는 무명의 작은 상태를 유지하기 때문에 정말로 큰 것처럼, 성인도 위대해지려고 하지 않기 때문에 정말로 위

대하다. 반대로 "크지만 크게 되려는 마음이 있다면 결과적으로는 작아진다." 결국 위대해지는 것이지만, 그것을 이루기 위해서는 작아지는 것이다.

아무리 큰일을 해도 큰일을 했다는 의식을 하지 않는 이런 사람이야말로 가장 큰일을 하고 있는 사람이다.}

제35장

道는 담담하여 맛이 없고, 보아도 보이지 않고, 들어도 들리지 않고, 써도 다함이 없다

│ 執大象, 天下往. 往而不害, 安平太. 樂與餌, 過客止. 道之出口, 淡乎其無味. 視之不足見. 聽之不足聞. 用之不足既. │

대상(大象)을 잡으면 천하가 나아간다.

나아가도 해롭지 않아 평안하고 태평스럽다.

음악과 음식은 지나가는 길손을 멈추게 하지만,

道에서 나오는 말은 담담하여 맛이 없고,

보아도 족히 보이지 않으며,

들어도 족히 들리지 않고,

써도 족히 다함이 없다.

*大象(대상) ; 큰 코끼리, 道를 가리킨다.

*往(왕) ; 가다, 향하다.

*餌(이) ; 미끼, 먹이, 음식.

*出口 ; 말을 꺼내다, 말을 하다, 출구.

■ 執^집大^대象^상 天^천下^하往^왕 往^왕而^이不^불害^해 安^안平^평太^태

"대상(大象)을 잡으면, 천하가 나아간다. 나아가도 해롭지 않아 평안하고 태평스럽다."

{ "큰 코끼리를 타고 천하를 여행하면 어디로 가도 위해를 당하지 않고 안전하고 평안하다." 큰 코끼리(大象)는 노자(老子)의 도(道)를 말한다. 노자의 도를 지키고 행하면 천하 어디를 가든 결코 걱정이 없다는 가르침이다. 코끼리를 노자의 도에 비유한 것은 중국에서는 코끼리를 본 적이 없기 때문이다. 노자의 도 역시 존재한다는 것은 확실하지만, 코끼리처럼 눈으로 볼 수도 없고, 들을 수도 없기 때문에 이런 비유를 쓴 것이다.}

■ 樂^악與^여餌^이 過^과客^객止^지

"음악과 음식은 지나가는 길손을 멈추게 한다."

{도는 담백한 것이니 사람들이 도를 듣는 것은 음악이나 음식이 곧바로 사람의 마음을 기쁘게 하는 것과 같지 않다. 음악이나 음식은 길손을 멈추게 할 수 있지만, 도가 내는 말은 담백하여 아무 맛도 없어 보려고 해도 보이지 않으니, 그 눈을 즐겁게 할 수 없고, 들으려고 해도 들을 수 없으니 그

귀를 기쁘게 할 수 없다. 마음에 드는 바가 없는 것 같지만, 그 쓰임은 다함이 없다.}

■ 道之出口 淡乎其無味

"道에서 나오는 말은 담담하여 맛이 없다."

{도는 말로 전달하는 것이 아니라 가슴으로, 온몸으로 느껴야 한다. 참된 도덕은 말로써 하면 평범한 것, 오히려 담백하고 맛이 없다. 마치 물이 아무 맛이 없는 것과 같은 이치다.

37장에서도, "도는 늘 아무것도 하지 않으면서, 하지 않음이 없다(道常無爲而無不爲). 욕심이 없으면 고요하니, 천하는 절로 안정될 것이다(不欲以靜天下將自定)."라고 말하고 있다.}

제36장

부드럽고 약한 것이
단단하고 강한 것을 이긴다.

| 將欲歙之, 必固張之. 將欲弱之, 必固強之. 將欲廢之, 必固
興之. 將欲取之, 必固與之. 是謂微明. 柔弱勝剛強. 魚不可脫
於淵, 國之利器不可以示人. |

움츠리려고 하면 반드시 먼저 펴주고,
약하게 하려면 반드시 먼저 강하게 하며,
망하게 하려면 반드시 먼저 흥하게 하고,
빼앗고자 하면 반드시 먼저 준다.
이를 숨겨진 밝음이라 하는데,
부드럽고 약한 것이 단단하고 강한 것을 이긴다.
물고기는 연못을 벗어나서는 안 되고,
나라의 권력은 사람들에게 보여서는 안 된다.

*歙(흡) ; 들이쉬다, 거두다, 줄어들다.
*固(고) ; 굳다, 견고하다, 오로지.
*張(장) : 넓히다, 크게 하다.

*微明(미명) ; 희미(稀微)하게 밝음, 어슴푸레한 빛.

*利器(이기) ; 날카로운 병기, 마음대로 할 수 있는 권력.

■ 將欲歙之 必固張之 將欲弱之 必固强之

"움츠러들게 하려면 반드시 먼저 펴주고, 약하게 하려면 반드시 먼저 강하게 한다."

{줄이려고 하면 반드시 먼저 늘려줘야 하고, 약하게 하려면 반드시 먼저 강하게 해야 하며, 망하게 하려면 반드시 먼저 흥하게 해야 하고, 빼앗고자 하면 반드시 먼저 주어야 한다. 이를 숨겨진 밝음이라 하는데, 부드럽고 약한 것이 단단하고 강한 것을 이긴다는 말이다(將欲廢之 必固興之 將欲取之 必固與之 是謂微明 柔弱勝剛强).}

■ 柔弱勝剛强

"부드럽고 약한 것이 굳세고 강한 것을 이긴다."

{세상에는 물처럼 무르고 약한 것이 없다. 그 물이 큰 배를 띄우게 하고, 쇠를 녹슬게 하고, 한 방울씩 떨어지는 물방울이 마침내는 바위를 뚫는다. 명검으로 쇠를 자를 수 있지만, 물을 자를 수는 없다. 영웅이 미인에게 조롱당하고 격한 웅변

이 부드러운 말을 이길 수 없는 것도 또한 예가 된다.}

【成語】 이유극강(以柔克剛) ; 부드러운 것으로 강한 것을 이긴다는 말이다. 달이 차면 지듯이, "만물은 성(盛)하면 반드시 쇠(衰)하기 마련이고(物極必反), 세력이 강성하면 반드시 약해지기 마련이다(勢强必弱)." 하는 것이 불변의 자연법칙이다. 노자는 유약(柔弱)이 강강(剛强)을 이기는 이치로서 천하를 허정(虛靜)으로 돌리고자 했다.

"부드럽고 약한 것이 굳세고 강한 것을 이긴다. 물고기가 깊은 못에서 벗어날 수 없듯, 나라를 잘 다스릴 수 있는 심오한 도리를 함부로 사람에게 내보여서는 안 된다(柔弱勝剛强 魚不可脫於淵 國之利器不可以示人)."

30장에서는, "만물은 장성했다가는 쇠퇴하기 마련이다(物壯則老)."

또 43장에서도, "천하에서 가장 유약한 것, 즉 물은 천하에서 가장 견고한 것, 즉 금석도 마음대로 부릴 수 있다. 무형의 물은 틈이 없는 것, 즉 유형의 금석 속에 파고 들어갈 수 있다. 그러므로 나는 무위의 도를 따르는 것이 가장 유익함을 알 수 있다(天下之至柔 馳騁天下之至堅 無有入無間 吾是以知無爲之有益). 말없는 교화와, 무위의 유익에 있어서는 천하의 아무것도 물을 따라갈 것이 없다(不言之敎 無爲之益 天下希及

之)."

역시 78장에서도, "천하에서 물보다 더 유약한 것은 없다. 그러나 굳고 센 것을 꺾는 데는 물보다 더 뛰어난 것이 없다. 아무것도 물의 본성을 바꿀 수가 없기 때문이다(天下莫柔弱 於水 而攻堅强者莫之能勝 以基無以易之). 약한 것이 강한 것을 이기고, 부드러운 것이 억센 것을 이긴다. 천하에 모르는 사람이 없지만, 실천할 줄 모른다(弱之勝强 柔之勝剛 天下莫 不知 莫能行)."고 하였다.

만물은 강하면 생기를 잃고, 약하면 충만하게 된다. 노자는 유약의 대표적인 것을 물이라 하였다. 상선약수(上善若水), 즉 물은 지고의 선이다. 도(道)는 이 물과 같다. 이처럼 약자가 강자를 이기고 부드러움이 강한 것을 이기는 사실을 모르는 사람이 없지만, 막상 이것을 실행에 옮기지 못하는 것을 노자는 안타깝게 생각하였다.

물고기가 물을 떠나 살 수 없듯, 사람은 도를 떠나서 영생할 수가 없고, 천하를 다스리는 사람도 도를 지키지 않고는 안락과 평등과 태평을 누릴 수 없다. 그러므로 도는 무위자연 (無爲自然)이라 했다.

따라서 위정자도 경솔하게 도를 내보이는 일 없이 염담(恬淡)하게 무위의 치를 펴야 한다. 이것이 노자의 본뜻이었다.

■ 魚不可脫於淵 國之利器不可以示人

"물고기는 연못을 벗어나면 안 되고, 나라의 권력은 사람들에게 보여서는 안 된다."

{물고기는 임금이고 못은 권력이다. 권세가 중한 것이 임금의 못이다. 임금이란 신하들 사이에서 그 권세가 중한 사람이니 그것을 잃으면 다시 얻을 수 없다.}

제37장

道는 늘 아무것도 하지 않으면서
하지 않음이 없다

| 道常無爲, 而無不爲. 侯王若能守之, 萬物將自化. 化而欲作, 吾將鎭之以無名之樸. 無名之樸, 夫亦將無欲. 不欲以靜, 天下將自定. |

道는 늘 아무것도 하지 않으면서,
하지 않음이 없다.
지도자가 이를 지킬 수 있다면,
만물은 절로 변할 것이다.
그 변화를 억지로 하려 하면,
나는 이름 없는 소박함으로 다스릴 것이다.
이름 없는 소박함이란,
하고자 함이 없는 것이다.
욕심이 없으면 고요하니,
천하는 절로 안정될 것이다.

*無爲 ; 아무런 작위(作爲)를 하지 않음. 유위(有爲)에 상

대되는 말.

■ 道^상常無^위爲 而無不爲

"道는 늘 아무것도 하지 않아, 하지 않음이 없다."

{ "도는 늘 아무것도 하지 않아(道常無爲)"는, 도는 언제나 억지로 일삼는 바가 없으나 하지 못하는 바가 없다. 즉 도는 저절로 그러한 바(自然)를 따른다는 말이다.

"하지 않음이 없다(而無不爲)"는, 만물은 도에서 말미암지 않거나, 도에 의해서 이루어지지 않음이 없다는 말이다.}

■ 無名之樸 夫亦將無欲

"이름 없는 소박함이란 하고자 함이 없는 것이다."

{이름 없는 통나무란 도를 가리킨다. 만물이 그로써 스스로를 화육하는 효과를 보다가 다시 교만함과 거짓을 지으려고 한다면 지도자는 마땅히 몸소 도와 덕으로 그것을 눌러야 한다. 도와 덕으로 그것을 억누르면 백성도 욕망을 품지 않을 것이니, 마땅히 청정함으로 그들을 교도해야 하는 것이다. 이렇게 되면 천하는 스스로 바르고 안정될 것이다.}

제38장

최상의 덕은 덕스럽지 않음으로써 덕이 있다

| 上德不德 是以有德. 下德不失德 是以無德. 上德無爲而無以爲. 下德無爲而有以爲. 上仁爲之而無以爲. 上義爲之而有以爲. 上禮爲之而莫之以應, 則攘臂而扔之. 故失道而後德. 失德而後仁. 失仁而後義. 失義而後禮. 夫禮者忠信之薄而亂之首. 前識者, 道之華而愚之始. 是以大丈夫, 處其厚不居其薄. 處其實, 不居其華. 故去彼取此. |

최상의 덕은 덕스럽지 않음으로써 덕이 있고,

낮은 덕은 덕을 놓치지 않으려 함으로써 덕이 없다.

최상의 덕은 아무것도 하지 않아 억지로 함이 없고,

낮은 덕은 하려 하나 억지로 함이 있다.

최상의 어짊은 행하나 억지로 하려 하지 않음이고,

최상의 의로움은 하려 할 뿐만 아니라 의도적으로 함이다.

최상의 예는 하려 할 뿐만 아니라,

응하지 않으면 팔을 걷어붙이고 억지로 하게 한다.

따라서 道를 잃으면 덕이 생겨나고,

덕을 잃으면 어짊이 나타나고,

어짊을 잃으면 의로움이 나타나고,

의로움을 잃으면 예절이 나타난다.

무릇 예는 믿음과 섬김이 옅어지면

나타나는 첫머리이고,

미리 앎은 도의 화려함이자, 어리석음의 시작이다.

그러므로 대장부는 두터운 곳에 머물지

옅은 곳에 머물지 않으며,

열매(實)에 머물지 꽃(華)에 머물지 않는다.

그러므로 대장부는 저것(華)을 버리고 이것(實)을 취한다.

*薄 ; 엷다, 얇다, 적다, 야박(野薄)하다.

*華 ; 꽃, 빛나다, 화려하다.

*實 ; 열매, 씨, 종자, 재물(財物).

■ 上德不德 是以有德
    상 덕 부 덕   시 이 유 덕

"최상의 덕은 덕스럽지 않음으로써 덕이 있다."

{최상의 덕은 덕이 있다고 여기지 않음으로써 덕이 있다.
가장 높은 덕은 밖으로 덕을 자랑하지 않아도 드러나는데,
낮은 덕을 가진 사람들이 오히려 덕을 내세운다는 것이다.

조그마한 덕을 베풀고서 덕을 베풀었다고 생각한다면 이것은 참된 덕이 아니다. 최상의 덕이란 덕을 행해도 자기 자신은 그것을 의식하지 않는 그런 덕이 참된 덕이다.

"최상의 덕은 덕스럽지 않음으로써 덕이 있다."는 말은 뛰어난 덕을 지닌 사람을 도덕주의자로 생각하게 마련인 상식의 파괴임과 동시에 언제나 단편적일 수밖에 없는 모든 세계관의 저 안쪽에 자리 잡고 있는 또 다른 그리고 그만큼 가치 있는 세계관을 보여주는 명제다.

《노자》 전편에 흐르고 있는 『정언약반(正言若反)』의 어법과 도에 대한 다양한 묘사다.}

■ 禮者 忠信薄而亂之首

"예절은 믿음과 섬김이 희미해지면 나타나는 첫머리다."

{예(禮)라는 것은 진심이 희박하게 된 때에 나오는 것으로서, 그 예는 서로 오고 감을 존중하고 상대의 응답을 기대하는 것이므로, 상대가 거기에 상당한 답이 없을 경우에는 무례하다고 해서 싸움이 나게 된다. 요는 禮라는 것은 난(亂)의 시작이라 할 수가 있다.

『충신(忠信)』은 여기에서도 예가 충신 자체가 아니라 그 옅음과 연결되어 있기 때문에 긍정적인 의미인지 부정적인 의미인지 불확실하다. 대부분의 주해는 충신이 원래 인간관계의 건실함과 신실함을 유지하는 덕목인데, 도가 사라지면서 소박한 인간관계가 훼손되고 따라서 충신이 희박해지면서 예가 나타난다는 것이다.}

■ 前識者 道之華而 愚之始
전 식 자　도 지 화 이　우 지 시

"미리 앎은 도의 화려함이자, 어리석음의 시작이다."

{남들보다 많이 아는 자는 도의 화려함이니, 어리석음의 시작이 된다. 지(智)는 화려한 문화이므로 도(道)의 화(華)라고 해도 좋으나, 한편 생각해 보면, 사람은 그 문화의 지(智)로 인해 괴로움을 당하는 수가 많다. 이런 점으로 볼 때 오히려 어리석음의 시작이라 할 수도 있다. 전식(前識)은 사물을 미리 깨닫는다는 말로 지(智)에 해당되는 말이다.}

제39장

옥처럼 귀하게 되려 하지 말고
구르는 돌처럼 소박하라

│ 昔之得一者. 天得一以淸. 地得一以寧. 神得一以靈. 谷得一
以盈. 萬物得一以生. 侯王得一以爲天下貞. 其致之一也. 天無
以淸, 將恐裂. 地無以寧, 將恐發. 神無以靈, 將恐歇. 谷無以盈,
將恐竭. 萬物無以生, 將恐滅. 侯王無以貴高, 將恐蹶. 故貴以
賤爲本, 高以下爲基. 是以侯王自稱孤·寡·不穀. 此非以賤爲
本邪? 非乎. 故致數輿無輿, 不欲珠珠如玉, 珞珞如石. │

옛날에 하나를 얻어서 된 것이 있다.

하늘은 하나를 얻어 맑고,

땅은 하나를 얻어 안정되며,

신은 하나를 얻어 영험하고,

골짜기는 하나를 얻어 채워지며.

만물은 하나를 얻어 살아 있고,

통치자는 하나를 얻어 천하를 바르게 한다.

그 하나(一)를 설명해 보겠다.

하늘이 맑아지려고만 하면 장차 깨질 것이고,

땅은 안정하려고만 하면 장차 허물어져버릴 것이다.

신은 영험하려고만 하면 없어질 것이고,

계곡은 채우려고만 하면 말라버릴 것이며,

만물은 살려고만 하면 장차 사라질 것이고,

통치자는 고귀하려고만 하면 장차 넘어질 것이다.

그러므로 고귀함은 천함을 그 근본으로 삼고,

높음은 낮음을 그 기초로 삼는다.

따라서 통치자는 스스로를 고인(孤), 과인(寡), 불곡인(不穀)
이라 부르는 것이다.

이는 천함을 근본으로 삼는 것이 아니고 무엇이겠는가?

그러므로 명예를 지키려다 명예 자체를 잃어버린다.

옥처럼 귀하게 되려 하지 말고, 구르는 돌처럼 소박하라.

*貞(정) ; 곧다, 지조가 굳다, 마음이 곧바르다.

*致(치) ; (감정 등을) 표시하다, 나타내다, 이르다.

*蹶(궐) ; 넘어지다, 뛰다, 거꾸러뜨리다.

*恐發(공발) ; 곧 허물어지다.

*歇(헐) ; 쉬다, 그치다, 마르다, 머무르다.

*竭(갈) ; 다하다, 없어지다, 끝나다.

*孤(고) ; 외롭다, 홀로, 고아.

*興 ; 여기서는 예(譽)의 뜻이다.

*寡(과) ; 적다, 나, 임금이 자신을 일컫는 겸칭(寡人).

*不穀 (불곡) ; 곡식을 잘 기르지 못한다는 뜻으로, 임금
이나 제후의 자칭. 임금이나 제후는 백성을 잘 기르지
못하니 곡식보다 못하다는 뜻. 곧 임금이 착하지 못함을
자칭하는 말.

*琭琭如玉(녹록여옥); 옥처럼 귀하다.

*珞珞如石(낙락여석) ; 구르는 돌.

天得一以淸 地得一以寧

"하늘은 하나를 얻어 맑고, 땅은 하나를 얻어 안정된다."

{하늘은 하나를 얻어 맑고, 땅은 하나를 얻어 안정되어 있
으며, 신은 하나를 얻어 영험하고, 골짜기는 하나를 얻어 채
워지며. 만물은 하나를 얻어 살아 있고, 통치자는 하나를 얻
어 천하를 바르게 한다(天得一以淸. 地得一以寧. 神得一以
靈. 谷得一以盈. 萬物得一以生. 侯王得一以爲天下貞.).

노자는 자연에서의 법칙이나 규칙을 인간에게도 적용하
려 했다. 하늘이나 땅이나 계곡 등이 일정한 법칙에 따른다
고 설명을 하다가 그것을 자연스럽게 인간, 통치자의 이상
적인 모습에 적용하고 있다. 이렇듯 노자는 자연에서의 법

칙을 인간에게 적용했고, 그렇기 때문에 인간 또한 자연에서 찾은 이 법칙을 따라야 비로소 행복해질 수 있다고 보는 것이다. 일(一)은 도(道)를 말한다.}

■ 귀이천위본 고이하위기
貴以賤爲本 高以下爲基

"귀한 것은 천한 것을 근본으로 삼고, 높은 것은 낮은 것을 기초로 삼는다."

{그러므로 고귀함은 천함을 그 근본으로 삼고, 높음은 낮음을 그 기초로 삼는다. 따라서 통치자는 스스로를 고인(孤), 과인(寡), 불곡인(不穀)이라 부르는 것이다. 이는 천함을 근본으로 삼는 것이 아니고 무엇이겠는가?(故貴以賤爲本 高以下爲基 是以侯王自稱孤·寡·不穀 此非以賤爲本邪 非乎)}

■ 치 수 여 무 여
致數輿無輿

"명예를 지키려다 명예 자체를 잃어버린다."

{몇 줌 안 되는 영예로움을 지키려다가 그 명예마저 잃어버리고 만다. 그러므로 영롱하여 옥처럼 되려 하지 말고, 구르는 돌처럼 여겨지기를 원하라(故致數輿無輿 不欲琭琭如玉 珞珞如石).}

제40장

천하 만물은 有에서 비롯되지만
有는 無에서 비롯된다

| 反者道之動. 弱者道之用. 天下萬物生於有, 有生於無. |

되돌아감은 道의 움직임이고,
유약함은 道의 쓰임이다.
천하 만물은 有에서 비롯되지만,
有는 無에서 비롯된다.

■ 天下萬物生於有 有生於無

"천하 만물은 有에서 비롯되지만, 有는 無에서 비롯된다."

{돌아오는 것이 道를 지속시키는 동력이요. 순환하는 것이 도의 활동이다. 부드러운 것이 도의 작용이다. 부드러운 것이 도를 일으킨다(反者道之動. 弱者道之用).

천하 만물은 최초의 有, 즉 세상으로부터 태어나고, 그 세상은 無, 즉 道에서 생겨난 것이다. 바꾸어 말하면 道가 세상을 낳고 세상이 만물을 만들어내는 것이다.}

제41장

道는 감춰져 이름이 없지만
오직 道만이 잘 시작하고 잘 이룰 수 있다

│ 上士聞道, 勤而行之. 中士聞道, 若存若亡. 下士聞道, 大笑之. 不笑不足以爲道. 故建言有之. 明道若昧. 進道若退. 夷道若纇. 上德若谷. 大白若辱. 廣德若不足. 建德若偸. 質眞若渝. 大方無隅. 大器晚成. 大音希聲. 大象無形. 道隱無名. 夫唯道善始且成. │

뛰어난 선비(上士)가 道를 들으면 부지런히 행한다.

보통의 선비(中士)는 道를 들으면 반신반의한다.

못난 선비(下士)가 道를 들으면, 크게 비웃는다.

(下士가 道를 듣고) 비웃지 않으면 道가 되기에 부족하다.

그래서 다음과 같은 말이 있다.

밝은 길은 어둑한 듯하고,

나아가는 길은 물러서는 듯하며,

평평한 길은 울퉁불퉁한 듯하고,

아주 높은 덕은 계곡과 같으며,

아주 깨끗한 것은 더러운 듯하고,

아주 넓은 덕은 부족한 듯하며,

아주 건실한 덕은 게으른 듯하고,

참된 것은 변질된 듯하며,

크게 모난 것은 모서리가 없고,

큰 그릇은 특정한 모습으로 완성되지 않는다.

큰 소리는 소리가 잘 들리지 않고,

큰 모양은 형태가 없다.

道는 감춰져 이름이 없지만,

오직 道만이 잘 시작하고 잘 이룰 수 있다.

*若存若亡(약존약망) ; 있는 둥 마는 둥, 있는 듯도 하고 없
 는 듯도 함.

*夷(이) : 오랑캐, 평평하다, 온화하다, 마음이 편안하다.

*纇(뢰) : 실마디, 맺힌 실, 어그러지다, 치우치다.

*偸(투) ; 훔치다, 탐하다, 구차하다.

*渝(투) ; 변하다, 바뀌다, 달라지다.

*隅(우) ; 모서리, 모퉁이, 구석.

*隅·成·聲·形 ; 이 네 글자는 모두 특정한 틀로 정해
 지는 것을 표현한 문자를 이르는 말이다.

*隱(은) ; 숨다, 가리다, 감추다. 은폐하다, 은밀한.

■ 大器晩成

"큰 그릇은 시간을 두고 이루어진다."

{큰 그릇, 즉 대기(大器)는 아무 가공도 하지 않은 소박한 것이다. 만성(晩成)은 끝에 이루어진다는 말이지만, 실은 아직 이루지 못했다는 뜻이다. 큰 사람이 되기 위해서는 많은 노력과 시간이 필요하다는 뜻이다. 이『대기만성』은 후일에 와서 그 뜻이 바뀌어 큰 인물은 만년에 이르러서 비로소 대성(大成)한다는 뜻으로 쓰이게 되었다.}

【成語】대기만성(大器晩成) ; "큰 그릇은 시간을 두고 이루어진다."는 말로, "크게 될 사람은 늦게 이루어진다."는 뜻도 있다.

노자는 이 장에서 옛글을 인용해 도(道)를 이렇게 설명하고 있다. "밝은 길은 어둑한 듯하고, 나아가는 길은 물러서는 듯하며, 평평한 길은 울퉁불퉁한 듯하고, 아주 높은 덕은 계곡과 같으며, 아주 깨끗한 것은 더러운 듯하고, 아주 넓은 덕은 부족한 듯하며, 아주 건실한 덕은 게으른 듯하고, 참된 것은 변질된 듯하다."

또 이렇게 말한다.

"크게 모난 것은 모서리가 없고(大方無隅), 큰 그릇은 늦게 이루어진다(大器晩成). 큰 소리는 소리가 잘 들리지 않고

(大音希聲), 큰 모양은 형태가 없다(大象無形). 도는 감춰져 이름이 없지만, 오직 도만이 잘 시작하고 잘 이룰 수 있다.”

여기에 나와 있는 『대기만성』의 본래의 뜻은 “아주 큰 그릇은 늦게 이루어진다”는 뜻이다.

그런데 노자 사상의 흐름으로 볼 때, “큰 그릇은 늦게 이루어진다”는 『대기만성』은 맞지 않는다고 볼 수 있다. 《도덕경》 백서본(帛書本)에는 『대기면성(大器免成)』으로 되어 있다. 즉 아주 큰 그릇이란, 특정 크기나 모양으로 한정되어 있지 않고, 더 나은 모습에 도달하기 위하여 부단히 노력하는 과정의 연속이므로 궁극적 목적을 향해 한없이 가되 이루어짐은 없는 『대기면성(大器免成)』이라고 해야 하지 않을까?

말하자면 원래 위대하고 훌륭한 것은, 보통 사람의 눈이나 생각으로는 어딘가 덜 된 것 같고, 그 반대인 것처럼 느껴진다는 것이다.

■ 大象無形
대 상 무 형

“아주 큰 형상은 특정한 형태가 없다.”

{우주는 가장 큰 형상이지만 형태가 없다. 이렇듯 도(道)는 무형이지만 가장 큰 것이다.}

제42장

道는 하나를 낳고, 하나는 둘을 낳고,
둘은 셋을 낳고, 셋은 만물을 낳는다.

┃ 道生一, 一生二, 二生三, 三生萬物. 萬物負陰而抱陽, 沖氣
以爲和. 人之所惡, 唯孤寡不穀, 而王公以爲稱. 故物或損之而
益, 或益之而損. 人之所教, 我亦教之, 强梁者不得其死. 吾將
以爲教父. ┃

道는 하나를 낳고,
하나는 둘을 낳고,
둘은 셋을 낳고,
셋은 만물을 낳는다.
만물은 음을 지고 양을 껴안아,
텅 빈 기운으로 조화를 이룬다.
사람들이 싫어하는 것은
오로지 외로움(孤), 부족함(寡), 착하지 못함(不穀)이다.
통치자는 공히 스스로를 그렇게 낮춰 부른다.
그래서 어떤 것은 덜어내도 더해지고,
어떤 것은 더해도 덜어지는 것이다.

사람들이 가르치는 것을,

나 역시 가르치는데,

억세기만 한 자는 제 죽음을 얻지 못한다.

나는 이를 배움의 근본으로 삼으려 한다.

*沖(충) ; 비다, 공허하다, 따뜻하고 부드럽다, 담백하다.

*孤・寡・不穀(불곡) ; 고인・과인・불곡인, 즉 임금이나

제후가 스스로를 낮추어 칭하는 말. (☞ 제39장)

*强梁(강량) ; 횡포하다, 횡포한 사람이나 세력.

道生一 一生二 二生三 三生萬物
(도생일 일생이 이생삼 삼생만물)

"도는 하나를 낳고, 하나는 둘을 낳고, 둘은 셋을 낳고, 셋
은 만물을 낳는다."

{만물은 음양에 의해 생긴다. 음양도 생기게 하는 것이 있
어야 한다. 그것을 조물주 혹은 신(神)이라 생각하고 유교에
서는 태극(太極)이라 한다. 태극은 일(一)이고 또 유(有)다. 노
자에 의하면 가장 처음의 유(有)는 도(道), 즉 무(無)에서 생겼
다고 설명한다.

최초의 유(有)는 道, 즉 『無』에서 태어났다고 한다. 이것
이 바로 "道는 하나(一)를 낳는다"라는 것이다. 그리고 최

초의 有, 즉 하나(一)의 원리가 비로소 음양(男女)을 낳으므로 "하나는 둘을 낳는다"고 한다. 셋(三)은 음양(男女)이 합하는 힘을 말한다. 이 남녀의 교합(交合)에서 비로소 만물이 태어나므로 "셋은 만물을 낳는다."고 하는 것이다.}

■ 强梁者 不得其死
<small>강 량 자 부 득 기 사</small>

"억세기만 한 자는 제 죽음을 얻지 못한다."

{힘을 믿고 앞세우는 자는 제 명대로 살지 못한다. 강한 힘만 믿고 멋대로 날뛰는 자는 자연스런 죽음을 얻지 못하고 비명에 죽는다.}

제43장

세상에서 가장 부드러운 것이
세상에서 가장 단단한 것을 뚫는다

| 天下之至柔, 馳騁天下之至堅. 無有入無間, 吾是以知無爲
之有益. 不言之敎, 無爲之益, 天下希及之. |

세상에서 가장 부드러운 것이,
세상에서 가장 단단한 것을 뚫는다.
형체가 없는 것이 틈이 없는 곳까지 들어간다.
나는 이로써 무위의 유익함을 안다.
말없는 가르침과, 무위의 유익함,
세상에 이에 이른 이는 드물다.

*馳騁(치빙) ; 말을 타고 달리다, 부리다. 여기서는 부드러
운 것이 굳센 것을 뚫고 들어간다는 의미로 사용되었다.
*無間 ; 틈이 없다, 끊임없다.

■ 天^천下^하之^지至^지柔^유 馳^치騁^빙天^천下^하之^지至^지堅^견

"세상에서 가장 부드러운 것이 세상에서 가장 견고한

것을 뚫는다."

{지극히 부드러운 것은 물이고, 굳센 것은 쇠나 돌이다. 물은 굳센 것을 뚫고 강한 것 안으로 들어가서 통하지 않는 곳이 없다. 물은 그릇에 따라서 형태가 변하는 자신의 형태가 없는 부드러운 것이지만, 굳고 단단한 강철을 녹슬게 하는 힘이 있다.

세상 물건 중에 물보다 유약한 것은 없다. 망치로 때려도 깨지지 않고, 칼로 베어도 잘리지 않고, 불로 태워도 타지 않는다. 유유히 흘러 다니면서도 그 강함과 날카로움은 금석을 뚫는다.}

■ 不言之敎 無爲之益 天下希及之
불 언 지 교　무 위 지 익　천 하 희 급 지

"말없는 가르침과, 무위의 유익함, 세상에 이에 이른 이는 드물다."

{아무 말을 하지 않아도 스스로 그 감화가 다른 사람에게 미친다. 이것이 불언(不言)의 가르침이다. 정치를 하는 사람에 있어 아무 일도 하지 않아도 천하는 다스려진다. 이것이 무위(無爲)의 정치다. 이것은 천하에서 누구도 따라올 수 없는 것이다.}

제44장

만족을 알면 욕됨이 없고
멈춤을 알면 위태롭지 않다

| 名與身孰親. 身與貨孰多. 得與亡孰病. 是故甚愛必大費. 多
藏必厚亡. 知足不辱, 知止不殆, 可以長久. |

이름과 몸 가운데 어느 것이 가까운가.
몸과 재산 가운데 어느 것이 중요한가.
얻음과 잃음 가운데 어느 것이 병인가.
그러므로 너무 아끼면 반드시 크게 쓰게 되고,
많이 쌓아두면 반드시 크게 잃는다.
만족을 알면 욕됨이 없고,
멈춤을 알면 위태롭지 않으니,
오래갈 수 있다.

*孰(숙) ; 누구, 무엇, 어느, 익다, 여물다.
*愛(애) ; (동물이나 사물을) 아끼고 사랑하다, 보호하다.
*費(비) ; 비용, 수수료, 소비하다, 쓰다.
*藏(장) ; 감추다, 숨다, 곳집.

*厚(후) ; 두텁다, 후하다, 많다.

*可以(가이) ; 할 수 있다, 가능하다, …해도 좋다.

■ 多藏必厚亡
다 장 필 후 망

"많이 쌓아두면 반드시 크게 잃는다."

{재산을 많이 쌓고자 하면 반드시 그 재산을 잃게 된다. 잃어버리는 것은 재산뿐만이 아니고 그 이상으로 인간의 본질을 잃어버리게 된다. 즉 욕심이 많으면 수양에 방해가 되고 잃어버리는 것도 많게 된다.}

■ 知足不辱 知止不殆
지 족 불 욕   지 지 불 태

"만족을 알면 욕됨이 없고, 멈춤을 알면 위태롭지 않다."

{모든 일에 분수를 알고 만족하게 생각하면 욕(辱)을 당하지 않고 위태로운 일을 당하지 않는다.

자신의 보신(保身)을 위해서는 극단적인 집착을 버리고 만족할 줄 알아야 함을 이르는 말. 여기에서 만족할 줄 아는 사람은 몸을 그르치지 않는다는 뜻으로도 쓰인다.

노자는 명예보다는 생명을 더 존중하고, 계획된 선한 사회보다는 자연적 자발성에 의해 지속되는 사회를 추구했다. 노자는 명예나 선함보다는 생존을 더 중시하기 때문이다.}

제45장

크게 이루어진 것은 부족한 듯하지만,
그 쓰임은 그침이 없다.

| 大成若缺, 其用不敝. 大盈若沖, 其用不窮. 大直若屈, 大巧
若拙, 大辯若訥. 躁勝寒, 靜勝熱, 淸靜爲天下正. |

크게 이루어진 것은 모자란 듯하지만,
그 쓰임은 다함이 없다.
크게 채워진 것은 빈 듯하지만,
써도 그 다함이 없다.
아주 곧은 것은 구부러진 것 같고,
아주 정교한 것은 엉성한 것 같고,
아주 잘하는 말은 어눌한 것 같다.
빠른 움직임으로 추위를 이기고,
차분함으로 더위를 이기니,
맑고 고요함은 세상을 바르게 한다.

*缺(결) ; 결핍되다, 결여되다, 부족하다.
*敝(폐) ; 해지다, 깨지다, 지다, 버리다, 황폐하다.

*拙(졸) ; 우둔하다, 어리석다. 서투르다, 졸렬하다.

*訥(눌) ; 말을 더듬다, 말재주가 없다.

*躁(조) ; 성급하다, 조급하다.

*靜(정) ; 고요하다(조용하고 잠잠하다), 깨끗하다.

■ 大直若屈 大巧若拙 大辯若訥
대직약굴 대교약졸 대변약눌

"아주 곧은 것은 구부러진 것 같고, 아주 정교한 것은 엉성한 것 같고, 아주 잘하는 말은 어눌한 것 같다."

{대의(大義)를 위하는 자는 소절(小節)에 구애하지 않으므로 언뜻 보기에는 곧은 사람이 아닌 것같이 보이고, 교묘한 재주를 가진 사람은 그 재주를 자랑하지 아니하므로 언뜻 보기에는 서투른 것 같고, 말을 잘한다는 것은 말을 더듬는 것처럼 말을 많이 하지 않는 것이다. 많은 말을 하지 않고 사람을 심복시키는 것이 가장 말을 잘하는 것이다.

『대교약졸』은 노장사상의 중요한 심미(審美) 이론의 하나로 중국문학에서 인위적 기교미(技巧美)를 배제하고 무위자연의 졸박(拙樸)을 중시하는 도구로 쓰였다.

"아주 잘하는 말은 어눌한 것 같다"는『대변약눌』은, 말로는 그 뜻을 온전히 담아낼 수가 없기 때문이라는 뜻이다.

1장에서 말하듯, "道를 道라고 말할 수 있으면 진정한 도가 아니다. 이름을 이름 지으면 늘 그러한 이름이 아니다(道可道 非常道 名可名 非常名)."인 것이다.

여기서 살펴야 할 말은 『若』이다. 마치 …한 듯하지만 그 속에는 반대의 뜻이 감추어져 있다는 말이다. 《노자》 전편에 흐르고 있는 『정언약반(正言若反)』의 어법이다.}

■ 躁勝寒 靜勝熱
조 승 한 정 승 열

"빠른 움직임으로 추위를 이기고, 차분함으로 더위를 이기니, 맑고 고요함은 세상을 바르게 한다."

{활동하고 있을 때 열이 나는 것 같지만, 사실은 정(靜)의 상태가 이길 때 참된 열이 나는 것이다. 귀중하게 생각해야 할 것은 동(動)보다 정(靜)이다.}

제46장

천하에 道가 없으면
군마는 전장에서 새끼를 낳는다

| 天下有道, 卻走馬以糞. 天下無道, 戎馬生於郊. 罪莫大於可欲, 禍莫大於不知足, 咎莫大於欲得. 故知足之足, 常足矣. |

천하에 道가 있으면,
달리는 말을 되돌려 농사를 짓고,
천하에 道가 없으면,
군마는 전장에서 새끼를 낳는다.
바라는 것만큼 큰 죄는 없고,
만족을 모르는 것처럼 큰 화는 없으며,
얻으려는 것처럼 큰 허물은 없다.
그러므로 족함을 아는 만족은,
항상 만족하다.

*卻(각) ; 물리치다, 물러나다, 돌아가다.
*糞(분) ; 농사짓다. 똥, 비료, 거름을 주다.
*戎馬(융마) ; 군마(軍馬).

*郊(교) ; 성 밖, 성에서 가까운 전쟁터.

*咎(구) ; 허물, 죄과. 재앙, 근심거리.

■ 戎馬生於郊

"군마는 전장에서 새끼를 낳는다."

【成語】융마생교(戎馬生郊) ; 군마(軍馬)의 새끼가 국경에서 태어난다는 뜻으로, 이웃나라와의 사이에 전쟁이 끊이지 않음을 이르는 말이다.

나라에 도가 없으면 안으로는 백성을 괴롭히고 밖으로는 이웃나라를 침략하기 때문에 새끼 밴 말도 전쟁터에 끌려가 그곳에서 망아지를 낳는다.

■ 禍莫大於不知足 咎莫大於欲得

"만족할 줄 모르는 것만큼 큰 화가 없고, 욕심을 내어 얻고자 하는 것만큼 큰 허물은 없다."

{세상에 화가 되는 일은 수없이 있다. 그러나 그 가운데서도 만족한 것을 모르는 화보다 큰 것은 없다.

전편에 걸쳐 노자는 줄기차게 과욕(寡欲)을 주장한다. 과욕을 국가나 개인의 경영의 요략으로 생각한 것이다.}

제47장

문 밖을 나서지 않고도 세상을 안다

| 不出戶知天下. 不窺牖見天道. 其出彌遠, 其知彌少. 是以聖
人不行而知. 不見而名. 不爲而成. |

문 밖을 나서지 않고도 세상을 알고,
창밖을 내다보지 않고도 하늘의 道를 본다.
멀리 나갈수록 그 아는 것이 적다.
이렇듯 성인은 가지 않고도 알고,
보지 않아도 알며, 하지 않고도 이룬다.

*戶(호) ; 지게, 지게문, 출입구.
*窺(규) ; 엿보다.
*牖(유) ; 창.
*彌(미) ; 널리 퍼지다, 더욱.

■ 不出戶知天下

"문 밖을 나가지 않고도 천하를 안다."
{한 사람의 마음은 천만 인의 마음이다. 자기가 춥다고 느

낀다면 남도 추울 것이고, 자기가 배고프다고 느낀다면 남도 배고플 것이다. 자기의 마음을 미루어 생각해 보면 특별히 세상에 나가지 않아도 세상의 모습은 알 수가 있을 것이다.}

■ 是以聖人不行而知 不見而名 不爲而成
시 이 성 인 불 행 이 지　불 견 이 명　불 위 이 성

"이렇듯 성인은 가지 않고도 알고, 보지 않아도 알며, 하지 않고도 이룬다."

{사물이 귀착하는 바를 알고 있기 때문에 비록 돌아다니지 않더라도 알 수 있고, 사물이 근본을 알기 때문에 비록 보지 않아도 옳고 그름의 이치를 알 수 있으며, 사물의 본성에 밝아 그것에 따를 뿐이기 때문에 비록 하지 않아도 이룰 수 있는 것이다.}

제48장

배움은 날마다 더하는 것이고
道는 날마다 덜어내는 것이다

┃ 爲學日益. 爲道日損. 損之又損, 以至於無爲. 無爲而無不爲. 取天下常以無事, 及其有事, 不足以取天下. ┃

배움은 날마다 더하는 것이고,
道는 날마다 덜어내는 것이다.
덜어내고 또 덜어내면
무위(無爲)에 이른다.
무위하면 되지 않는 것이 없다(無不爲).
언제나 (굳이) 하지 않음으로써 천하를 얻는 것이지,
(굳이) 하려고 하는 데 이르면,
천하를 얻기에 부족하다.

*益(익) ; 더하다, 이롭다, 유익하다.

*損(손) ; 덜다, 줄이다, 손해를 보다.

*及(급) ; 미치다(영향이나 작용 따위가 대상에 가하여지다), 닿다.

■ ^{위 학 일 익} ^{위 도 일 손} ^{손 지 우 손}
爲學日益 爲道日損 損之又損

^{이 지 어 무 위} ^{무 위 이 무 불 위}
以至於無爲 無爲而無不爲

"배우는 것은 날로 보태는 것이고, 도를 하는 것은 날로 덜어내는 것이다. 덜고 또 덜어서 함이 없음(無爲)에 이르면 함이 없으면서도 하지 못하는 것이 없다."

{이와 같이 무위는 인식의 오류로 말미암아 혼란해진 자기 자신을 정화함으로써 본래의 자연스러움을 회복하려는 방법이며, 동시에 세상을 다스리는 법이다. 무위(無爲)는 유위(有爲), 인위(人爲)의 반대이며, 인간의 지적 오류에 의해 제정되고 실천되는 제도나 행위를 부정하는 개념이다.

노자는 도를 따르고 지키는 것을 덕이라 하였다. 따라서 덕은 도처럼 『무위(無爲)』여야 하며, 결코 "아무것도 하지 않음"은 아니다. 또한, 그가 말하는 자연이란 물리세계의 자연이나 서양철학의 자연주의가 아니다. 자연은 바로 자유자재(自由自在)하고, 스스로 그러하고(自己如此), 무엇에도 의존하지 않는 정신의 독립이며, 사물의 실상과 합일로써 얻어지는 정신적 원만성이다. 즉 무리해서 무엇을 하려 하지 않고, 스스로 그러한 대로 사는 삶이 무위자연이다.}

【成語】무위(無爲) ; 무위는 자연법칙에 따라 행위하고

인위적인 작위를 하지 않는다. 유가(儒家)는 목적 추구의 의식적 행위인 유위(有爲)를 제창했으나, 도가는 유위를 인간의 후천적인 위선(僞善)·미망(迷妄)이라 하여 이를 부정하는 무위를 제창했다.

또 역설적으로, "무위에서야말로 완성이 있다."고 주장했다. 그 뒤 도가만이 아니라 유가도 무위를 인간의 의식을 초월한 고차적인 자연행위, 완성적 행위라고 생각하게 되었으며, 중세 예술론의 근본개념이 되었다.

제49장

성인은 정해진 마음이 없고
백성의 마음을 자신의 마음으로 삼는다

| 聖人無常心, 以百姓心爲心. 善者吾善之, 不善者吾亦善之, 德善. 信者吾信之, 不信者吾亦信之, 德信. 聖人在天下歙歙, 爲天下渾其心. 百姓皆注其耳目, 聖人皆孩之. |

성인은 정해진 마음이 없고,
백성의 마음을 자신의 마음으로 삼는다.
착한 이를 내가 착하다 하고,
착하지 않은 이도 내가 착하다 하니,
착함을 얻는다.
믿는 이를 나는 믿고,
믿지 않는 이 또한 나는 믿으니,
믿음을 얻는다.
성인은 모두를 끌어안는 마음으로
천하를 감싸 안으니,
백성은 모두 눈과 귀를 세우고,
성인은 모두를 어린아이로 대한다.

*無常心(무상심) ; 常心이 없다. 정해진 마음이 없다.

*在 ; 있다, 보다, 살피다.

*歙歙(흡흡) ; 차별 없이 뒤섞인 모양, 타인의 마음을 자신의 마음으로 삼음.

*渾(혼) ; 흐리다, 혼탁하다, 뒤섞이다, 어리석다.

*孩(해) ; 어린아이, 어리다, 달래다, 어르다, 사랑하다.

■ 聖人無常心 以百姓心爲心

"성인은 정해진 마음이 없이 백성의 마음을 그 마음으로 삼는다."

{성인은 항상 변하지 않는 절대적인 마음, 상심(常心)이 없어야 한다는 뜻이다. 상심은 고정된 마음, 즉 변하지 않는 자신만의 다짐이다. 그렇데 자신의 생각을 고정시켜 놓고 자신과 다른 생각을 가진 사람을 배척하면 오로지 자신에게 굴종하는 사람만 가득찰 것이다.

성인은 큰 스승이다. 스승이 고착된 절대적인 마음을 가지고 있으면 다른 마음을 가진 사람들을 배척할 수밖에 없다. 특정한 사람만 좋아하고 나와 다른 사람을 배척한다면 그 조직은 갈등과 반목만 가득할 것이다. 성인의 마음은 한 곳에 고정되어서는 안 된다. 모든 방향으로 열려 있어야 진정한 성인인 것이다.

성인은 본래 이상 속의 완전무결한 존재이다. 물론 말하는 이의 생각이나 믿음에 따라 차이가 날 수도 있다. 그 이상적인 존재인 성인은 집착이나 편견이 없고 사적인 입장도 없다. 자연히 대중의 뜻을 최종 귀착점으로 삼아 따른다. 그로써 비로소 천하의 법이 되며 만인의 스승이 될 수가 있는 것이다.}

■ 善者吾善之 不善者吾亦善之 德善

"착한 이를 내가 착하다 하고, 착하지 않은 이도 내가 착하다 하니 착함을 얻는다."

{선한 자는 선한 자라고 받아들이고 선하지 않는 자도 또한 선하다고 받아들인다면 그것이 큰 선이다. 德은 得과 통한다.}

제50장

태어나면 죽는 것이다

| 出生入死. 生之徒十有三. 死之徒十有三. 人之生, 動之於死
地, 亦十有三. 夫何故? 以其生生之厚. 蓋聞善攝生者, 陸行不
遇兕虎, 入軍不被甲兵. 兕無所投其角. 虎無所措其爪. 兵無所
容其刃. 夫何故? 以其無死地. |

태어나면 죽는 것이다.
(태어나서 온전히) 살아가는 자가 열에 셋이고,
(태어나서) 요절하는 자가 열에 셋이며,
살다가 갑자기 죽는 자도 열에 셋이다.
왜 그런가?
그것은 삶을 두텁게 하려고 하였기 때문이다.
듣기에 삶을 잘 다스리는 사람은
뭍에 나다녀도 호랑이나 코뿔소를 맞닥뜨리지 않고,
전쟁에 나아가서도 병기에 다치지 않는다.
코뿔소가 뿔로 들이받을 데가 없고,
호랑이가 할퀼 데가 없으며,
병기의 칼날을 받을 데가 없기 때문이다.

왜 그런가?

그것은 사지(死地)가 없기 때문이다.

*攝生(섭생) ; 양생(養生), 삶을 다스리다.

*兕(시) ; *외뿔소, 무소(코뿔소).

*措(조) ; 두다, 놓다, 처리하다.

*爪(조) ; 손톱, 긁다, 할퀴다.

*刃(인) ; 칼날, 칼, 병기.

■ 出生入死
　　출 생 입 사

"태어나면 죽는 것이다."

{사람은 태어남으로써 세상에 나왔다가 마침내는 죽어서 흙 속으로 들어가는 것이다.

사람은 태어남에서 시작하여 죽음에서 마친다. 시작하는 것을 『출(出)』이라고 하고. 마치는 것을 『입(入)』이라고 한다. 그러므로 『出』은 『生』과 같고, 『入』은 『死』와 같다. 따라서 『出生入死』는 인생의 전 과정을 의미한다.}

■ 以其生生之厚
　　이 기 생 생 지 후

"그것은 삶을 두텁게 하려고 하였기 때문이다."

《장자》 대종사에 나오는 진인의 묘사와 비슷하다.

"옛날의 진인(眞人)은 삶을 즐거워하지도 않았고, 죽음을 싫어하지도 않았다. 그 태어남(出)을 기뻐하지도 않았고, 그 돌아감(入)을 거부하지도 않았으니, 거칠 것 없이 가고 거칠 것 없이 왔을 따름이다(古之眞人 不知說生 不知惡死 其出不欣 其入不距 翛然而往)."

삶을 즐거워하지도 않았고 죽음을 싫어하지도 않았던 옛날의 진인은 노자 식으로 이야기하면 그저 살려고만 하는 사람이 아니다. 삶에 대한 강한 애착을 죽음의 지름길로 판단하는 노자의 시각 또한 다르지 않은 것이다.

■ 善攝生者 陸行不遇兕虎
선 섭 생 자 육 행 불 우 시 호

"삶을 잘 다스리는 사람은 뭍에 나다녀도 호랑이나 코뿔소를 맞닥뜨리지 않는다."

{가장 좋은 섭생(攝生)자, 즉 삶을 잘 다스리는 자는, 산이나 들에서 호랑이나 코뿔소 같은 맹수(攝)와 맞닥뜨릴 염려가 없다. 그것은 만물에 대하여 적개심이 없기 때문이다. 이쪽이 적의를 품지 않으면 그 어느 것도 적대하지 않는 법이다. 이러한 태도가 자신을 가장 잘 지키는 방법이다.}

제51장

道는 낳고, 德은 기른다

| 道生之, 德畜之, 物形之, 勢成之. 是以萬物莫不存道而貴德. 道之尊, 德之貴, 夫莫之命而常自然. 故道生之德畜之, 長之育之, 亭之毒之, 養之復之 ; 生而不有, 爲而不恃, 長而不宰, 是謂玄德. |

道는 낳고, 德은 기르니,
사물은 모양을 이루고, 힘은 흐름이 생긴다.
그리하여 만물은 도를 높이고,
德을 귀히 여기니,
道를 높이고 德을 귀히 여기는 것은,
아무도 시키지 않지만 저절로 그러한 것이다.
그러므로 道는 낳고 德은 기르니,
길러 자라게 하고,
형체를 주어 바탕을 이루게 하고,
길러주고 덮어준다.
낳되 소유하지 않고,
이루되 자랑하지 않으며,

기르되 부리지 않으니,

이를 그윽한(깊은) 德이라 한다.

*畜(축) ; 기르다, 양육하다. 짐승, 가축.

*勢(세) ; 형세, 권세, 기세.

*恃(시) ; 믿다, 자부하다.

*亭(정) ; 형체를 주다.

*毒(독) ; 바탕을 이루다.

*宰(재) ; 주관하다, 수재(主宰)하다.

■ <ruby>生<rt>생</rt></ruby><ruby>而<rt>이</rt></ruby><ruby>不<rt>불</rt></ruby><ruby>有<rt>유</rt></ruby> <ruby>爲<rt>위</rt></ruby><ruby>而<rt>이</rt></ruby><ruby>不<rt>불</rt></ruby><ruby>恃<rt>시</rt></ruby>

"낳되 소유하지 않으며, 이루고도 자랑하지 않는다."

{도(道)는 만물을 낳지만, 그 공적을 내 것으로 하지 않는다. 또 덕(德)은 만물을 육성하지만, 그것을 자기의 공으로 하지 않는다. 이런 점이 사람이 본받을 현덕(玄德), 즉 깊은 덕(德)의 본보기이다.

《장자》 내편 응제왕(應帝王)에도, 명왕(明王)의 다스림은, "공이 천하를 덮을 만하면서도 자기에게서 나온 것이 아닌 것처럼 행동하고, 교화는 만물에 미치면서도 백성들은 그것에 의지하지 않는다(功蓋天下而似不自己 化貸萬物

而民不恃).”라는 구절이 있다.

"낳되 소유하지 않으며, 이루고도 자랑하지 않는다."는 것과 크게 다르지 않다.}

■ 道生之德畜之 長之育之 亭之毒之 養之復之
（도 생 지 덕 축 지　장 지 육 지　정 지 독 지　양 지 복 지）

"도는 낳고, 덕은 기르니, 기르고 보살피고, 이루고 성숙시키고, 돌보고 덮어준다."

{『亭』은 그 형체를 주는 것이고, 『毒』은 그 바탕을 완성시키는 것이다. 낳는 것(生)과 형체를 주는 것(亭), 기르는 것(畜)과 바탕을 이루는 것(毒), 자라게 하는 것(長)과 키우는 것(育), 기르는 것(養)과 덮어주는 것(復)이 의미로 보나 운으로 보나 짝을 이루고 있다.}

제52장

천하에는 시작이 있으니
이로써 천하의 어미로 한다

天下有始, 以爲天下母. 既得其母, 以知其子. 既知其子, 複守其母, 沒身不殆. 塞其兌, 閉其門, 終身不勤. 開其兌, 濟其事, 終身不救. 見其小曰明, 守柔曰強. 用其光, 複歸其明, 無遺身殃. 是爲習常.

천하에는 시작이 있으니,
이로써 천하의 어미로 삼는다.
이미 그 어미를 얻고,
그 자식을 알며,
이미 그 자식을 알아,
다시 그 어미를 지킬 수 있어,
죽을 때까지 위태롭지 않다.
구멍을 막고 문을 닫으면,
평생 수고롭지 않으나,
구멍을 열고 일을 이루려고 하면,
평생 구제할 수 없다.

작은 것을 보는 것을 밝다고 하며,

부드러움을 지키는 것을 강하다고 한다.

그 빛을 싸서 그 밝음으로 되돌아가면,

몸에 재앙을 남기지 않으니,

이를 습상(習常)이라 이른다.

*兌(태) ; 이 글자의 의미는 세 가지 설이 있다. 하나는 구
멍으로 보는 견해이고, 또 하나는 입(口)으로 보는 견해,
다른 하나는 기쁨(悅)으로 보는 견해. 그런데 이 세 가
지 뜻은 서로 통한다. 입은 구멍이고, 그 구멍은 음식을
달게 먹음으로써 기쁨을 가져다주기 때문이다.

*見小 ; 작은 것을 살피는 것은 곧 미세한 변화를 봐야 한
다는 것이며, 인위적인 욕망의 싹이 트지 않도록 주의해
야 한다는 것으로, 욕망을 축소시킨 상태를 유지함을 이
르는 말이다.

*守柔(수유) ; 조화에 부응하여 그 상태를 유지하는 것.

*習常(습상) ; 道와 함께하는 삶. 常은 변화하지 않는 것으
로, 변하지 않는 것은 道를 이른다.

■ 塞其兌 閉其門 終身不勤
<small>색 기 태 폐 기 문 종 신 불 근</small>

"그 구멍을 막고, 그 문을 닫으면 죽을 때까지 수고롭지 않다."

{욕심이 나오는 구멍을 막고 욕심이 나오는 문을 닫으면, 쾌락의 유혹으로부터 자신을 지키고, 외부 대상에 대한 관심의 문을 닫아버리면 평생 수고롭지 않다.

마음을 즐겁게, 들뜨게 하여 유혹하는 쾌락으로부터 자신을 지킨다. 외부로 향하는 마음의 문을 닫아 외부 대상에 대한 관심을 없애버린다. 태(兌)는 기쁜 것, 좋아하는 것, 변화하는 마음을 말하는 것이고, 門은 일을 벌이려는 욕심이 따라 나오는 곳이다.}

■ 開其兌 濟其事 終身不救
<small>개 기 태 제 기 사 종 신 불 구</small>

"그 구멍을 열고 그 일을 이루려 하면 죽을 때까지 구제받지 못한다."

{그 욕심의 근원을 막지 않고서 그 일을 다스리기 때문에 비록 그 몸이 다하더라도 구제받지 못하는 것이다.}

제53장

나에게 조그만 앎이 있어서
큰 道를 행한다면

│ 使我介然有知, 行於大道, 唯施是畏. 大道甚夷, 而民好徑.
朝甚除, 田甚蕪, 倉甚虛. 服文彩, 帶利劍, 厭飲食, 財貨有餘.
是謂盜誇. 非道也哉. │

만일 나에게 조그만 앎이 있어서
큰 道를 행한다면,
베풀어도 받아들이지 않을까 걱정이다.
큰 길은 아주 평탄하지만,
사람들은 지름길로 가기를 좋아한다.
조정은 심히 낭비하고,
밭은 황폐하고,
곳간은 비었는데,
화려한 옷을 입고,
날카로운 칼을 차고,
배불리 먹으면서,
재물이 남는 것을

일컬어 도둑의 치레이니,

참다운 道가 아니다.

*介然(개연) ; 잠시 동안, 고립한 모양, 마음에 꺼림칙한
모양.

*施(시) ; 베풀다.

*夷(이) ; 평평하다, 평탄하다.

*徑(경) ; 지름길, 지름, 직경, 마침내.

*帶(대) ; 벨트, 지대, 구역, 휴대하다.

*利劍(이검) ; 날카롭고 썩 잘 드는 검.

*誇(과) ; 과장하다, 자랑하다, 허풍떨다.

■ 使我介然有知也 行於大道 唯施是畏
　　사 아 개 연 유 지 야　행 어 대 도　유 시 시 외

"만일 나에게 조그만 앎이 있어서 큰 도를 행한다면, 베
풀어도 받아들이지 않을까 걱정이다"

{자그마한, 융통성 없는 앎을 통해 섣불리 대도를 행하려
고 한다면 그것이 무엇이든 좋지 않은 결과를 낳게 된다는
뜻이다. 유시(唯施)는 베풀기만 할 뿐 돌려받지 못하는 상
태. 따라서 도를 가르쳐도 그 도를 따라하지 않음을 이르는
말이다.}

大道甚夷 而民好徑
(대 도 심 이　이 민 호 경)

　"큰 길은 아주 평탄하지만, 백성들은 지름길만을 좋아한다."

　{큰 길처럼 평탄하고 편한 길도 없다. 그러나 사람들은 지름길을 가기를 좋아한다.　도리대로 하려 않는 사람들에 대한 나무람이다. 《논어》에도 "길을 가는 데 지름길이나 뒤안길을 취하지 않고 큰길로 간다." 는 뜻으로, 행동을 공명정대하게 함을 비유하여 이르는 『행불유경(行不由徑)』이라는 말이 있다.}

제54장

나라로 나라를 살피며
세상으로 세상을 살핀다

| 善建者不拔, 善抱者不脫, 子孫以祭祀不輟. 修之於身, 其德
乃真, 修之於家, 其德乃餘, 修之於鄕, 其德乃長, 修之於邦, 其
德乃豐, 修之於天下, 其德乃普. 故以身觀身, 以家觀家, 以鄕
觀鄕, 以邦觀邦, 以天下觀天卜. 吾何以知天下然哉? 以此. |

잘 지은 것은 뽑히지 않고,
잘 감싸진 것은 달아나지 않으니,
자손들의 제사가 끊이지 않을 것이다.
스스로를 닦으면 그 덕이 참되고,
그것으로 집안을 닦으면 그 덕에 남음이 생기고,
그것으로 고을을 닦으면 그 덕이 오래가고,
그것으로 나라를 닦으면 그 덕이 넉넉해지며,
그것으로 세상을 닦으면 그 덕이 넓어진다.
그리하여 몸으로 몸을 살피고,
집으로 집을 살피고,
고을로 고을을 살피고,

나라로 나라를 살피며,

세상으로 세상을 살핀다.

내가 어떻게 세상이 그러하다는 것을 알겠는가?

이 때문이다.

*建(건) ; 짓다, 건설하다, 세우다.

*拔(발) ; 뽑다.

*抱(포) ; 안다, 포옹하다, 둘러싸다, 에워싸다.

*輟(철) ; 그치다, 멈추다, 그만두다.

*豐(풍) ; 풍년, 무성하다.

*普(보) ; 넓다, 두루 미치다.

*邦(방) ; 나라, 서울, 제후의 봉토(封土).

■ 善建者不拔 善抱者不脫 子孫以祭祀不絶

"잘 지은 것은 뽑히지 않고, 잘 감싸진 것은 달아나지 않으니, 자손들의 제사가 끊이지 않을 것이다."

{뿌리를 튼튼히 한 이후에 그 말단을 다스리므로 뽑히지 않으며, 많음을 탐하지 않고, 그 할 수 있는 것만을 하기 때문에 달아나지 않는다. 그럼으로써 자손들이 제사로써 (잘 세우고 잘 간직한 것을) 끊어지지 않게 할 것이다.}

■ 修之於身 其德乃眞 修之於家 其德乃餘 修之於鄕
其德乃長 修之於國 其德乃豊 修之於天下 其德乃普

"스스로를 닦으면 그 덕이 참되고, 그것으로 집안을 닦으면 그 덕에 남음이 생기고, 그것으로 고을을 닦으면 그 덕이 오래가고, 그것으로 나라를 닦으면 그 덕이 넉넉해지며, 그것으로 세상을 닦으면 그 덕이 넓어진다."

{나라를 다스리는 근본은, 몸을 다스리는 데 있어서 몸을 다스리면 집안을 다스릴 수 있고, 집안을 다스리면 나라를 다스릴 수 있고, 나라를 다스리면 천하를 다스릴 수 있다고 하는 것이다. 일신의 수양이 점차 확대되어 천하에까지 그 영향을 미친다는 말이다. 《대학》에서 말하는 『수신제가치국평천하(修身齊家治國平天下)』와 같은 도식이다.}

제55장

덕을 두텁게 품은 자는
갓난아이에 비길 수 있다

含德之厚, 比於赤子. 毒蟲不螫, 猛獸不據, 攫鳥不搏. 骨弱筋柔而握固. 未知牝牡之合而全作, 精之至也. 終日號而不嗄, 和之至也. 知和曰常, 知常曰明, 益生曰祥, 心使氣曰強. 物壯則老, 是謂不道, 不道早已.

덕을 두텁게 품은 자는,

갓난아이에 비길 수 있다.

독충이 쏘지 않고,

맹수가 덮치지 않고,

힘센 새도 채가지 않는다.

뼈는 약하고 근육도 부드럽지만 단단히 쥔다.

남녀 간의 교합은 모르지만

양물이 꼿꼿하니

정기의 지극함이다.

종일 울어도 목이 쉬지 않으니

조화의 지극함이다.

조화를 아는 것은

오래감이라 이르고,

오래감을 아는 것을 밝음이라 이르고,

생을 더하는 것은 상서롭다 이르나,

마음이 기를 부리는 것은 강하다 이른다.

만물은 강해지면 곧 늙으니

이를 일러 道가 아니라 한다.

道가 아닌 것은 일찍 그친다.

*赤子(적자) ; 갓난아이.

*螫(석) ; (벌레가) 쏘다.

*據(거) ; 점유하다, 점거하다.

*攫(확) ; 움키다, 가로채다, 빼앗다.

*搏(박) ; 갈기다, 후려치다, 덮쳐잡다.

*牝牡(빈모) ; 길짐승의 암컷과 수컷.

*嗄(사) ; (목이) 잠기다, 목메다.

*祥(상) ; 상서롭다, 길하다, 좋다.

*早已(조이) ; 훨씬 전에, 이미, 진작.

■ 含德之厚 比於赤子
   함 덕 지 후 비 어 적 자

"덕을 두텁게 품은 자는, 갓난아이에 비길 수 있다."

{《도덕경》에서는 물(水)과 갓난아이가 무위자연의 道를 가장 잘 나타낸다고 생각했다. 따라서 늘 물과 갓난아이를 빌어 『道』를 비유하였다.

제10장에서는 "마음으로 道를 안아 그것으로부터 떠나지 않을 수 있는가? 본능에 맡기고 부드럽게 되어 갓난아이처럼 될 수 있는가?(載營魄抱一 能無離乎 專氣致柔 能如嬰兒乎)"라고 하였고,

제20장에서는 『道』를 지닌 사람을 "마치 옹알거리는 갓난아이 같구나(如嬰兒之未孩)."라고 하였으며,

제28장에서는 "다시 갓난아이로 되돌아간다(複歸於嬰兒)."라고 하였고, 이 장에서는 "덕을 두텁게 품은 자는 갓난아이에 비길 수 있다."라고 하였다.}

■ 益生曰祥 心使氣曰强

"생을 더하는 것은 상서롭다 이르나, 마음이 기를 부리는 것은 강하다 이른다."

{생을 더해 간다는 것은 영혼이 수많은 생을 살아간다는 의미다. 수많은 생을 거쳐 배움을 얻는 일은 상서롭다. 사람은 수많은 생을 경험하며 마음에 대해 공부한다. 마음은 도

(道)가 자리하고 있는 자리다. 마음으로 기운을 쓴다는 것은 도에 따라 기운을 쓴다는 의미와 맥이 통한다. 마음으로써 기운을 활용하는 것이야말로 굳센 것이라고 말한다.}

■ 物壯則老 是謂不道 不道早已
물 장 즉 노 시 위 부 도 부 도 조 이

"만물은 강해지면 곧 늙으니, 이를 일러 도가 아니라 한다. 도가 아닌 것은 일찍 그친다."

【成語】 물장즉노(物壯則老) ; 사물은 왕성하면 할수록 일찍 쇠퇴한다.

"세력이 강성하면 반드시 약해지기 마련이다." 라는 『세강필약(勢强必弱)』이나, "사물의 전개가 극에 달하면 반드시 반전한다." 는 뜻으로, 흥망성쇠는 반복하는 것이므로 어떤 일을 할 때 지나치게 욕심을 부려서는 안 된다는 의미가 담겨 있는 『물극필반』, 또한 "열흘 붉은 꽃이 없다" 는 『화무십일홍(花無十日紅)』, 우리나라 속담의 『달도 차면 기운다』 등과 같은 의미이다. 불변의 자연법칙을 의미하기도 하지만, 사용하기에 따라서 상대방의 흥성하는 기세를 시기하는 뜻이 담긴 표현이 될 수도 있다.

제56장

아는 이는 말하지 않고
말하는 이는 알지 못한다

│ 知者不言, 言者不知. 塞其兌, 閉其門, 挫其銳, 解其紛, 和
其光, 同其塵, 是謂玄同. 故不可得而親. 不可得而疏. 不可得
而利, 不可得而害. 不可得而貴. 不可得而賤. 故爲天下貴. │

아는 이는 말하지 않고,

말하는 이는 알지 못한다.

그 입을 막고, 문을 잠그고,

그 날카로움을 꺾고, 어지러움을 풀고,

그 빛을 흐리게 하고, 티끌과 함께하니,

이를 현동(玄同)이라고 한다.

그래서 가까이하지도 멀리하지도 못하며,

이롭게도 해롭게도 하지 못하고

귀하게도 천하게도 하지 못한다.

그래서 천하에 귀한 것이 된다.

*塞(색) ; 막다.

*兌(태) ; 통하게 하다, 구멍.

*挫(좌) ; 좌절하다, 억누르다, 낮추다, 꺾다.

*銳(예) ; 날카롭다.

*塵(진) ; 먼지, 여기서는 속세의 뜻.

*玄同(현동) ; 피아(彼我)의 구별이 없이 하나임. 또는 차별이 없음.

*疏(소) ; 멀리하다, 트이다.

■ 知者不言 言者不知

"아는 이는 말하지 않고, 말하는 이는 알지 못한다."

【成語】지자불언언자부지(知者不言言者不知) ; "아는 사람은 말하지 않고, 말하는 사람은 알지 못한다. 그 열린 것(兌 ; 귀·눈·코·입)을 막고, 그 문을 닫고, 그 날카로움을 무디게 하고, 그 얽힌 것을 풀고, 그 빛을 흐리게 하고, 그 티끌을 같이하니, 이를 현동(玄同)이라 한다(知者不言 言者不知 塞其兌 閉其門 挫其銳 鮮其紛 和其光 同其塵是謂玄同)."

『道』를 깨달은 사람은 『道』를 분명하게 말하기를 원하지 않으며, 『道』를 분명하게 말하려고 애쓰는 사람은 실제로는 진정한『道』를 터득한 사람이 아니다. 이것이 곧 "도를 아는 사람은 말로 표현하지 못하고(知之者不言), 말을 하는 사람은 도를 알지 못한다(言之者不知)."는 것이다.

말의 중요성을 일깨우고, 말로 인한 오류를 경계하는 말이다. 참으로 아는 사람(知者)은 자신이 아는 것을 말로 드러내지 않으며, 자신이 아는 것을 말로 드러내는 사람은 참으로 아는 사람이 아니라는 말이다.

나아가 참으로 아는 사람은 그 빛, 곧 자신의 지덕(知德)과 재기(才氣)를 감추고 속세와 어울린다고 하니,『화광동진(和光同塵)』이라는 성어도 여기서 유래되었다. 화려한 겉치레뿐인 말이나 얕은 지식을 드러내어 말하기를 좋아하는 사람에 대한 경계의 뜻으로 일상생활에서 사용된다.

■ 挫其銳 解其紛 和其光 同其塵
좌 기 예 해 기 분 화 기 광 동 기 진

"그 날카로움을 꺾고, 어지러움을 풀고, 그 빛을 흐리게 하고, 티끌과 함께하니 이를 현동(玄同)이라고 한다."

【成語】 화광동진(和光同塵) ;『화광(和光)』은 빛을 부드럽게 한다는 뜻이고, 『동진(同塵)』은 "빛을 감추고 속진(俗塵)에 섞인다"는 뜻으로, 세상 사람들과 함께 하는 것

을 말한다. 즉 자기가 가지고 있는 지혜 같은 것을 자랑하는 일이 없이 오히려 그것을 흐릿하게 하여 속세 사람들 속에 묻혀버리는 것을 말한다.

"아는 사람은 말하지 않고, 말하는 사람은 알지 못한다. 그 감정의 구멍(귀·눈·코·입)을 막고, 그 욕정의 문을 닫으며, 그 날카로움을 무디게 하고, 그 얽힘을 풀며, 그 빛을 흐리게 하고, 그 티끌을 같이한다. 이것을 현동(玄同)이라고 한다(知者不言 言者不知 塞其兌 閉其門 挫其銳 鮮其紛 和其光 同其塵是謂玄同). 그러므로 이는 친할 수도 없고, 멀리할 수도 없으며, 이로울 수도 없고, 해로울 수도 없으며, 귀할 수도 없고, 천할 수도 없다. 그러기 때문에 오로지 하늘 아래 귀하게 되는 것이다."

『현동(玄同)』은 현묘(玄妙 ; 이치나 기예의 경지가 헤아릴 수 없이 깊고 미묘함)하게 같은 것이란 뜻이다. 불교에서 부처가 중생을 제도(濟度)하기 위해 부처의 본색을 감추고 속세에 나타나는 것을 『화광동진』이라고 하는데, 그것은 불교가 중국에 전해진 뒤부터 이 노자의 말을 받아들여 쓴 것이다. 부처·보살이 중생을 제도하기 위하여 자기 본색을 감추고 인간계에 섞여 몸을 나타내는 일을 말한다.

■ 不可得而貴 不可得而賤

"이롭게도 해롭게도 하지 못하고, 귀하게도 천하게도 하지 못한다."

{누구도 귀하게 할 수 없게 하여 절실히 원하는 안전한 삶을 얻고자 한다. 누구도 멀리하지 못하고, 누구도 해롭게 하지 못하고, 누구도 천하게 하지 못하는 것은 모두가 원하는 것이지만, 그를 위해 무엇을 포기해야 하는지를 잘 아는 것이 『道』이다.

권력에 의해 주어진 것은 권력에 의해 빼앗긴다. 그러나 완성된 인물이 되면 외부의 힘으로는 귀하게도 천하게도 되지 않는 것이다. 지위나 작위(爵位)는 남에게서 주어지기도 하고 또 남에게 빼앗기기도 한다.}

제57장

내가 욕심을 내지 않으니
백성은 스스로 순박해진다

| 以正治國, 以奇用兵, 以無事取天下. 吾何以知其然哉? 以此. 天下多忌諱, 而民彌貧, 民多利器, 國家滋昏. 人多技巧, 奇物滋起. 法令滋彰, 盜賊多有. 故聖人云, 我無爲而民自化, 我好靜而民自正, 我無事而民自富, 我無欲而民自樸. |

바름으로 나라를 다스리고,

기묘한 책략으로 군대를 움직이며,

아무것도 하지 않음으로써 천하를 취한다.

나는 어찌하여 그러함을 아는가?

이 때문이다.

천하에 꺼리고 피하는 것이 많아지면

백성은 더욱 가난해지고,

백성에게 이로운 물건이 많아지면

나라는 더욱 혼미해지고,

사람들이 재주가 늘고 교활해지면

기이한 물건은 더욱 생겨날 뿐이고,

법과 명령이 도드라지면

도적은 늘어날 따름이다.

그리하여 성인이 말하기를,

내가 무위로 다스리면 백성들이 스스로 변하고,

내가 고요함을 좋아하면 백성은 스스로 바르게 되며,

내가 아무것도 하지 않으니 백성은 스스로 풍족해지고,

내가 욕심을 내지 않으니 백성은 스스로 순박해진다.

*無事 ; 아무 일도 없음. 무위(無爲), 할 일이 없음.

*忌諱(기휘) ; 꺼리어 싫어함, 꺼리어 피함, 금기(禁忌).

*彌(미) ; 두루, 널리.

*滋(자) ; 늘다, 많아지다.

*昏(혼) ; 어둡다, 희미하다, 날이 저물다, 일찍 죽다.

*彰(창) ; 두드러지다, 명백하다.

*樸 ; 순박하다, 질박하다.

■ 以政治國 以奇用兵 以無事取天下
   이 정 치 국   이 기 용 병   이 무 사 취 천 하

　"바름으로 나라를 다스리고, 기묘한 책략으로 군대를 움
직이며, 아무것도 하지 않음으로써 천하를 취한다."

　{전쟁은 쌍방의 적에 대한 경쟁이며, 승리가 목적이므로

적과 싸울 때는 갑작스런 변화에 대처하고 기묘한 책략으로 승리하는 것이 병가의 금과옥조다. 그러므로 용병에서는 『기묘한 책략(奇兵)』을 귀중하게 여긴다. 나라를 다스리는 데는 정(正)으로써 해야 하지만, 더욱 큰 천하는 무사(無事), 무위(無爲)가 아니면 얻을 수가 없다. 의도(意圖) 없이 하는 것이 최상의 정치다. 무사(無事)는 아무 의도를 가지지 않고 하늘의 뜻에 따라 행하는 것이다.}

■ 天下多忌諱 而民彌貧
천 하 다 기 휘　이 민 미 빈

"천하에 꺼리고 피하는 일이 많으면 백성은 더욱 가난해진다."

{기휘(忌諱), 즉 백성의 행동을 규제하는 금령은 원래는 백성을 선도하기 위한 것이다. 그것이 너무 세세하고 많게 되면 그 결과는 오히려 백성의 가난을 더하게 하는 것이 된다.}

■ 民多利器 國家滋昏
민 다 이 기　국 가 자 혼

"백성들에게 이로운 물건이 많아지면 나라는 더욱 혼미해진다."

{문명의 이기(利器)가 많아지면 많아질수록 세상은 밝고 편리해지기보다는 오히려 어둡게 된다.}

■ 我無爲 而民自化 我好靜 而民自正
　　아무위　이민자화　아호정　이민자정

　　我無事 而民自富 我無欲 而民自樸
　　아무사　이민자부　아무욕　이민자박

"내가 무위로 다스리면 백성들이 스스로 변하고, 내가 고요함을 좋아하면 백성은 스스로 바르게 되며, 내가 아무것도 하지 않으니 백성은 스스로 풍족해지고, 내가 욕심을 내지 않으니 백성은 스스로 순박해진다."

【成語】무위이화(無爲而化) ; 아무것도 하지 않음으로써 교화한다는 뜻으로, 억지로 꾸밈이 없어야 백성들이 진심으로 따르게 된다는 말. 도(道)는 스스로 순박한 자연을 따른다는 무위자연(無爲自然)을 주장하며, 백성을 교화함에 있어서 잔꾀를 부려서는 안 된다는 뜻이다.

나라는 바른 도리로써 다스리고, 용병은 기발한 전술로 해야 하지만, 천하를 다스림에 있어서는 무위로써 해야 한다. 그러므로 성인은 다음과 같이 말했다.

"내가 아무것도 하지 않으니 백성들이 스스로 감화되고 (我無爲 而民自化), 내가 고요하니 백성들이 스스로 바르게 되며(我好靜 而民自正), 내가 일을 만들지 않으니 백성들이 스스로 부유해지고(我無事 而民自富), 내가 욕심 부리지 않으니 백성들이 스스로 소박해진다(我無欲 而民自樸)"

인간의 욕심이 문화를 낳고, 바로 그 문화가 인간의 본심을 잃게 만들었다고 주장하는 노자는『무위이화(無爲而化)』사상을 통해 자연 상태 그대로의 인간 심성을 강조한다.

곰곰이 생각해 보면, 무위(無爲)는 이것저것 다 포기한 채 아무것도 하지 않는 것이 아니라, 이것저것 다 할 수 있으면서도 참고 삭이면서 마음속『발효』를 통해 성숙을 기하는 과정이라는 생각을 할 수 있다. 대외적으로만 무위(無爲)일 뿐, 내면에서는 성숙의 시간이 활성화되는 셈이다.

이런 연장선상에서 "침묵은 어떤 웅변보다 더 웅변적이다."라는 말이 이해가 될 법도 하다. 가끔은 무언가를 해야 한다는 강압에서 벗어나 그냥 그대로 내버려두는 미덕도 발휘할 만한 것 같다.

【成語】 무위이치(無爲而治) ; 하는 일이 없이 정치를 하다. 성인의 덕은 지대하여서 아무 일도 하지 아니하여도 저절로 다스려지는 정치를 이르는 말이다.

무치(無治)라고도 한다. 도가(道家)의 나라를 다스리는 이념이다. "내가 무위로 다스리면 백성들이 스스로 변하고, 내

가 고요함을 좋아하면 백성은 스스로 바르게 되며, 내가 아무
것도 하지 않으니 백성은 스스로 풍족해지고, 내가 욕심을 내
지 않으니 백성은 스스로 순박해진다(我無爲而民自化 我好静
而民自正 我無事而民自富, 我無欲而民自朴)."고 하였다. 즉
『무위이치』는 아무것도 하지 않는 것이 아니라, 작위적인
통치행위나, 지나친 간섭이 없어야 백성 스스로가 가진 능력
을 충분히 발휘할 수 있다는 말이다. 도가에서는 이런 상태를
"무위(無爲)하면 무불위(無不爲)다" 즉 "다스림이 없는데
도 다스려지지 않음이 없는(無爲而無不爲)" 경지라고 말한
다.

한편 유가(儒家)에서 말하는 『무위이치』는 군주가 백성
들에게 덕을 베풀어 나라가 잘 다스려지는 것을 말한다. 《논
어(論語)》 위령공(衛靈公)편에, "무위(無爲)로 천하를 다스
린 이는 순(舜)임금이리라! 그는 무엇을 했는가? 몸을 공손히
하고 남면하여 앉아 있었을 따름이다(無爲而治者 其舜也與
夫何爲哉 恭己正南面而已矣)."라고 했다.

즉, 큰 덕을 가진 성인이 군주의 자리에 있음으로써 백성
들이 그 덕에 감화되어 특별한 일을 하지 않아도 절로 다스려
진다는 말이다.

『무위이화』란 법과 제도로써 다스리려 하는 법가 사상

과 대치되는 생각이지만, 유가에서는 덕을 중시하고, 도가에서는 인이나 예마저도 인위적인 것이라고 하여 배척한다. 자연 상태 그대로의 인간 심성과 자연의 큰 법칙에 따르는 통치가 바로 『무위이화』 이다.

이처럼 도가와 유가의 본질적인 차이는 있지만, 결국 『무위이치』 는 군주의 올바른 통치 방법으로 백성이 감화되고 그로 인해 나라가 잘 다스려지는 상태를 말한다.

제58장

다스림이 어수룩하면
백성은 순박해진다

其政悶悶, 其民淳淳. 其政察察, 其民缺缺. 禍兮福之所倚,
福兮禍之所伏. 孰知其極, 其無正. 正復爲奇, 善復爲妖. 人之
迷, 其日固久. 是以聖人, 方而不割. 廉而不劌. 直而不肆. 光
而不耀.

다스림이 어수룩하면,
백성은 순박하고,
다스림이 꼼꼼하면,
백성의 살림살이는 황폐해진다.
화는 복이 기대어 있고,
복은 화가 엎드리고 있으니
누가 그 끝을 알 것인가.
정해진 올바름은 없다.
올바름이 기이한 것이 되고,
착한 것이 다시 요망해지니,
백성들이 미혹된 지 이미 오래구나.

그러므로 성인은
방정하지만 남을 재단하지 않고,
청렴하지만 상처 입히지 않고,
곧지만 방자하지 않고,
빛나지만 눈부시지 않는다.

*悶(민) ; 답답하다, (사리에) 어둡다.
*淳淳(순순) ; 조용히 흘러가는 모양. 순박하다, 깨끗하다,
 맑다.
*察察(찰찰) ; 사물을 똑똑히 분별하는 모양.
*缺缺(결결) ; 어떤 요건이 빠져 있는 것.
*倚(의) ; 의지하다, 기대다, 치우치다.
*妖(요) ; 요사하다, 요염하다, 아리땁다.
*迷(미) ; 미혹하다, 헷갈리다, 헤매다, 길을 잃다.
*割(할) ; 베다, 자르다, 해치다.
*廉(염) ; 청렴하다, 결백하다, 검소하다.
*劌(귀, 궤) ; 상처 입히다.
*肆(사) ; 방자하다.
*耀(요) ; 밝게 빛나다, 뽐내다.

■ 其政察察　其民缺缺
　　　　기 정 찰 찰　기 민 결 결

"다스림이 꼼꼼하면, 백성의 살림살이는 황폐해진다."

{정치가 복잡하면 백성의 살림살이는 황폐해진다. 따라서 노자는 늘 『다스림』을 가능한 단순화해야 한다고 주장하였다. 57장에서 "내가 아무것도 하지 않으니 백성들이 스스로 감화되고, 내가 고요하니 백성들이 스스로 바르게 되며, 내가 일을 만들지 않으니 백성들이 스스로 부유해지고, 내가 욕심 부리지 않으니 백성들이 스스로 소박해진다."라고 하였고, 제 32장에서는 "백성은 시키지 않아도 스스로 가지런히 한다(民 莫之令而自均)."라고 하였는데, 모두 사회생활에서 『다스림(政治)』의 관여를 가능한 줄여야 함을 강조하고 있다.

정치가 너무 세세한 것까지 간섭하게 되면 백성은 반드시 결함이 생겨 불완전한 상태로 되고 만다.}

■ 禍兮福之所倚　福兮禍之所伏
　　　　화 혜 복 지 소 의　복 혜 화 지 소 복

"화는 복이 기대고 있고, 복은 화가 엎드리고 있다."

{화가 있는 곳에는 그 뒤에는 복이 연해 있고, 또 복이 있는 곳에는 화가 숨어 있다.

노자는, "이로움을 얻을 때는 반드시 그 해로움을 생각하고, 성공을 기뻐할 때는 반드시 그 실패를 돌아보아야 한다. 사람이 선을 행하면 하늘이 복으로 보답하고, 사람이 불선을 행하면 하늘이 화(禍)로 답한다. 그러므로 재앙에는 복이 기대어 있고, 복에는 재앙이 웅크리고 있다."고 하였다.}

■ 光而不耀
광이불요

"빛나지만, 눈부시지 않는다."

【成語】광이불요(光而不耀) ; "빛나지만, 눈부시지 않는다." 밝고 빛나는 것은 좋은 것이다. 그러나 그 빛이 너무 밝게 빛나서는 안 된다. 사람의 수양도 밖으로 환하게 빛나게 해서는 안 된다. 성인(聖人)의 처신을 이른다.

다스림이 어수룩하면 백성은 순박해지고, 다스림이 너무 꼼꼼하면 그 백성은 피폐해진다. 재앙에는 복이 기대어 있고, 복에는 재앙이 엎드리고 있으니 누가 그 끝 간 데를 알겠는가? 올바름이란 없다. 올바른 것은 다시 이상한 것이 되고, 선한 것은 다시 요사한 것이 된다. 사람들의 미혹됨은 참으로 오래되었다. 이 때문에 성인은 반듯하면서도 남을 재단하지 않고, 청렴하되 남에게 상처 입히지 않으며, 곧아도 방자하지 아니하고, 빛나지만 번쩍거리지 않는다(直而不肆 光而不耀).}

제 59장

사람을 다스리고 하늘을 섬기는 데는
아낌만 한 것이 없다

┃治人事天, 莫若嗇. 夫唯嗇, 是謂早服. 早服謂之重積德, 重積德則無不克, 無不克則莫知其極, 莫知其極, 可以有國. 有國之母, 可以長久. 是謂深根固柢, 長生久視之道. ┃

사람을 다스리고 하늘을 섬기는 데는
아끼는 것만 한 것이 없다.
오로지 아끼는 것만이 미리 대비하는 것이니,
이를 두텁게 덕을 쌓는다고 한다.
두텁게 덕을 쌓으면 이겨내지 못할 것이 없고,
이겨내지 못할 것이 없으면 그 끝을 알 수 없으며,
그 끝을 모르면 한 나라를 얻을 수 있으니,
나라의 어미가 있으면 장구할 수 있다.
이를 일러, 뿌리가 깊고 단단히 뻗어,
오래도록 사라지지 않는 道라 이른다.

*嗇(색) ; 아끼다, 아껴 쓰다, 인색(吝嗇)하다.

*早服(조복) ; 덕을 끊임없이 쌓음.

*克(극) ; 이기다, 해내다, 참고 견디다.

*極(극) ; 궁극, 곧 막다른 곳.

*深根固柢(심근고저) ; 뿌리가 땅속 깊이 뻗어 움직이지
  않는다는 뜻으로, 기초와 근본이 견실함의 비유.

*長生久視(장생구시) ; 오래 삶.

■ 治人事天 莫若嗇

"사람을 다스리고 하늘을 받드는 일에는 아끼는 것만
한 것이 없다."

{나라를 다스리는 사람은 마땅히 백성의 재물을 아껴서
사치하지 않아야 하며, 몸을 다스리는 사람은 마땅히 정기
를 아껴서 방탕하게 행동하지 말아야 한다.

『아낌』의 정신은 최대한 일을 적게 한다는 것이지, 일
을 아주 하지 않는다는 것은 아니다. 적게 일한다는 것은
『적응』이다. 『아낌』은 사람들로 하여금 비교적 강한 적
응력을 갖게 할 수 있다.

사람을 다스리는 것은 정치이고, 하늘을 섬기는 것은 양
생(養生)의 도(道)이다. 정치의 근본이나 양생의 도의 근본
이나 모두 아껴야 한다. 가령 너무 과식하지 않는 것, 너무

과로하지 않는 것 등은 양생의 도에 맞는 것이다.}

■ 重積德則無不克 無不克則莫知其極

莫知其極 可以有國 有國之母 可以長久

"두텁게 덕을 쌓으면 이겨내지 못할 것이 없고, 이겨내지 못할 것이 없으면 그 끝을 알 수 없으며, 그 끝을 모르면, 한 나라를 얻을 수 있으니, 나라의 어미가 되면, 장구할 수 있다."

{덕을 쌓음이 이미 두터워지면 비록 천하에 굳센 것이라도 이기지 못할 것이 없으니, 누구도 그 끝 간 데를 헤아리지 못한다. 이런 이후에야 나라를 가질 수 있다. 나라를 장구히 다스릴 수 있는 기틀이 덕에 있다는 것을 어미로 비유한 것이다.}

■ 是謂深根固柢 長生久視之道

"이를 일러, 뿌리가 깊고 단단히 뻗어, 오래도록 사라지지 않는 도라 이른다."

{개인과 나라를 경영하는 훌륭한 길이 굳게 확립되어 있음을 뿌리에 비유한 것이다. 뿌리가 깊고 단단하게 박혀서 움직

이지 않는다는 뜻으로, 토대가 튼튼한 것. 또는 사물의 근본
이 뚜렷함을 이르는 말이다. 『장생구시(長生久視)』는 『오
래 삶』을 말한다. 도가(道家)에서는 눈을 움직이지 않고 오
랫동안 응시하는 구시(久視)가 양생법이다.}

제60장

큰 나라를 다스리는 것은
작은 생선을 삶는 것과 같다

| 治大國若烹小鮮. 以道莅天下, 其鬼不神. 非其鬼不神, 其神不傷人. 非其神不傷人, 聖人亦不傷人. 夫兩不相傷, 故德交歸焉. |

큰 나라를 다스리는 것은
작은 생선을 삶는 것과 같다.
道로써 천하에 나아가면
귀신도 그 신령함을 부리지 못한다.
귀신이 영험(靈驗)을 부리지 못하는 것이 아니라,
그 영험이 사람을 상하게 할 수가 없고,
그 영험도 사람을 상하게 못하니,
성인 역시 사람을 상하게 못한다.
무릇 귀신도 성인도 사람을 상하게 못하므로,
德이 사람에게 돌아간다.

*烹(팽) ; 삶다, 끓이다, 볶다.

*鮮(선) ; 생선, 싱싱하다.

*莅(리) ; 다다르다, 임하다, 참석하다, 이르다.

*神(신) ; 신, 귀신, 신령.

■ 治大國若烹小鮮
　（치 대 국 약 팽 소 선）

"큰 나라를 다스리는 것은 작은 생선을 삶는 것과 같다."

{생선을 삶을 때는 그저 삶아지는 그대로 두어야 한다. 들쑤시거나 뒤집거나 해서 손을 쓰게 되면 살이 부서져서 그 형태를 잃게 된다. 큰 나라를 다스리는 데는 쓸데없는 법률을 만들거나 술책을 부리게 되면 돌이킬 수 없는 분란이 일게 된다. 무엇이든 가만히 두면서 지켜보는 것이 가장 좋은 정치란 뜻이다.}

【成語】약팽소선(若烹小鮮) ; "큰 나라를 다스리는 것은 작은 생선을 삶는 것과 같다."는 뜻으로, 가만히 두고 지켜보며 조심히 기다리는 정치를 비유하는 말이다.

노자는 정치에 있어서의 『무위(無爲)』를 강조하며 다음과 같이 말했다. "큰 나라를 다스리는 것은 작은 생선을 삶듯이 해야 한다(治大國若烹小鮮)."

생선을 삶을 때 이리저리 뒤집어서 번잡하게 하면 생선이 부스러지고, 백성을 다스릴 때 번잡하게 하면 백성이 흩어지니 생선을 삶는 것이 곧 백성을 다스리는 것임을 알 수 있다. 생선을 요리할 때 가만히 두고 세심하게 살피는 것과 같이 정치를 함에 있어서도 무위를 중시하였다.

《한비자(韓非子)》 해로(解老)편에서는 이 구절을 이렇게 해석하고 있다. "작은 생선을 요리할 때 자주 뒤적거리면 생선의 윤기를 해칠 수 있다. 큰 나라를 다스릴 때 자주 법을 바꾸면 백성들이 고통스러워진다(烹小鮮而數撓之 則賊其澤 治大國而數變法 則民苦之)."

즉 나라를 다스리는 데 있어 법령을 자주 바꾸면 백성들에게 혼란을 줄 수 있다는 것이다. 세세한 간섭이나 대대적인 개혁보다는 지켜보며 느긋하게 기다리는 것이 좋은 정치라는 말로 사용된다.

10여 년 전 《교수신문》이 각 대학교수 195명을 대상으로 한국사회의 소망을 담은 사자성어를 조사한 결과 32.8퍼센트가 『약팽소선(若烹小鮮)』을 선정했다.

교수들은 "개혁의 명분은 정당하더라도 시행과정에서는 조심, 또 조심하는 것이 가장 빠른 길"이라거나, "소모적인 갈등이 있겠지만, 세부적인 차이에 연연하기보다 장기적인 안목에서 순리를 따르면 상생이 가능할 것"이라며 이 글귀를 선택한 이유를 설명했다.

제61장

큰 나라는 강의 하류이니
천하가 만나는 곳으로, 천하의 암컷이다

| 大國者下流, 天下之交, 天下之牝. 牝常以靜勝牡, 以靜爲下. 故大國以下小國, 則取小國, 小國以下大國, 則取大國. 故或下以取, 或下而取. 大國不過欲兼畜人, 小國不過欲入事人, 夫兩者各得其所欲, 大者宜爲下. |

큰 나라는 강의 하류이니,
천하가 만나는 곳으로,
천하의 암컷이다.
암컷은 언제나 고요함으로써 수컷을 이기니,
고요함으로써 아래에 있다.
그러므로 큰 나라가 작은 나라 아래에 있어,
작은 나라를 얻을 수 있고,
작은 나라가 큰 나라 아래에 있어,
큰 나라를 얻을 수 있다.
그것은 얻어서 낮아지는 것이기도 하고,
낮기 때문에 얻어지는 것이기도 하다.

큰 나라가 바라는 것은 사람들을 아울러 기르는 것이고,

작은 나라가 바라는 것은 들어가 섬기려는 것이니,

무릇 두 나라가 각자 있을 자리에 있으려면,

마땅히 큰 나라가 아래 있어야 한다.

*牝(빈) ; 암컷, 골짜기, 계곡(溪谷).

*兼(겸) ; 겸하다, 아우르다.

*畜(축) ; 기르다, 양육하다.

*各得其所(각득기소) ; 각자가 자기가 있을 자리에 있다.

■ 大國者下流 天下之交 天下之牝

"큰 나라는 강의 하류이니, 천하가 만나는 곳으로, 천하의 암컷이다."

{큰 나라는 강으로 치면 하류(下流)에 해당한다. 세류(細流), 즉 작은 나라들이 모여서 크게 된 것이다. 작은 나라들을 통수하는 큰 나라는 그 강대함을 뽐내지 않고, 다른 나라들의 하류(下流)에 있으면서 작은 나라들이 흘러 들어오도록 힘쓰는 것이 좋다. 스스로를 낮추고 고요히 하여 자신을 지킴으로써 천하의 암컷이라고 했다.}

夫兩者各得其所欲 大者宜爲下

"무릇 두 나라가 각자 있을 자리에 있으려면, 마땅히 큰 나라가 아래 있어야 한다."

{크고 힘센 것일수록 뽐내어 위로 올라가려고 한다. 그것은 잘못으로 강대할수록 가장 아래쪽에 있어야 한다. 강물의 흐름처럼 아래쪽에 있음으로써 커지는 것이다. 겸손을 실천하는 도는 위를 덜어서 아래를 도와주는 것이니, 그 쓰임이 위에 있지 아래에 있지 않다.

여기서 『각득기소(各得其所)』는 모든 것이 그 있어야 할 곳에 있게 된다는 말로, 원래 사람들이 자기 분수에 맞게 하고 싶은 일을 해도 후에는 각자의 능력과 적성에 맞게 적절한 배치를 받게 되는 것을 말한다.}

제62장

도는 만물의 근원이라 착한 이의 보배이며
착하지 않은 이도 간직해야 한다

| 道者萬物之奧. 善人之寶, 不善人之所保. 美言可以市. 尊行可以加人. 人之不善, 何棄之有. 故立天子, 置三公, 雖有拱璧以先駟馬, 不如坐進此道. 古之所以貴此道者何. 不曰求以得, 有罪以免邪? 故爲天下貴. |

도는 만물의 근원이라,

착한 이의 보배이며,

착하지 않은 이도 간직해야 한다.

아름다운 말로는 장사를 할 수도 있고,

존귀한 행동으로는 남보다 뛰어날 수 있다.

사람이 착하지 않다고

어찌 버릴 수 있겠는가.

그래서 천자를 세우고

삼공을 두었다.

비록 한 아름 되는 벽옥을 앞세우고

네 마리 말이 끄는 마차를 탄다 하더라도,

가만히 앉아 이 도에 나아감만 못하다.

옛날 이 도를 귀하게 여긴 까닭은 무엇인가.

구하면 얻고 죄가 있더라도 면한다고 하지 않았던가?

그러므로 천하의 귀한 것이 된다.

*奧(오) ; 깊다, 그윽하다, 흐리다, 속, 깊숙한 안쪽.

*市 ; 저자, 장사, 거래.

*加人(가인) ; 남보다 뛰어나게 된다.

*置(치) ; 두다, 배치하다.

*拱璧(공벽) ; (두 손으로 안을 정도로) 큰 옥(玉).

*駟馬(사마) ; 네 마리 말이 끄는 말.

■ 道者萬物之奧 善人之寶 不善人之所寶

"도는 만물의 근원이라, 착한 이의 보배지만, 착하지 않은 이도 간직해야 한다."

{착하거나 착하지 않거나를 막론하고 『도』는 모든 사람의 보배여서 선한 사람이 『도』를 구하면 바로 구할 수 있고, 착하지 않은 사람이 『도』를 알게 되면 죄를 면할 수 있기 때문에 누구라도 외면하고 버려서는 안 된다는 말이다.}

雖有拱璧以先駟馬 不如坐進此道
<small>수 유 공 벽 이 선 사 마   불 여 좌 진 차 도</small>

"비록 한 아름 되는 벽옥을 앞세우고 네 마리 말이 끄는 마차를 탄다 하더라도, 가만히 앉아 이 도에 나아감만 못하다."

{비록 한 아름 되는 벽옥을 앞세우고 네 필 말이 끄는 수레로 빙문하는 일이 있다고 하더라도 가만히 앉아 이 도에 나아가는 것보다 못하다. 옛날 어진 이를 초빙할 때 사용했던 두터운 예다. 이런 후한 대접도 도에 나아가는 것만 못하다는 말이다.}

『駟(사)』에 대한 글자에 다음과 같은 고사가 있다.

【成語】 사불급설(駟不及舌) ; 입에서 나온 말은 삽시간에 퍼진다. 말을 조심하라.

말을 조심해야 한다는 경계의 말은 예부터 많이 전해지고 있다. 사(駟)는 네 마리의 말이 끄는 빠른 수레를 말한다. 아무리 빠른 수레로도 한번 해버린 말을 붙들지는 못한다는 뜻이다. 즉 "네 마리 말도 혀에는 미치지 못한다."는 뜻이다.

이것은 《논어》 안연편에 나오는 자공(子貢)의 말이다.

극자성(棘子成)이란 사람이 자공을 보고 말했다.

"군자는 질(質)만 있으면 그만이다. 문(文)이 무엇 때문에 필요하겠는가?"

그러자 자공은, "안타깝도다! 네 마리 말이 끄는 마차(駟)
도 혀에 미치지 못한다. 文이 質과 같고, 質이 文과 같다면 호
랑이나 표범의 가죽이 개나 양의 가죽과 같단 말인가?" 라고
그의 경솔한 말을 반박했다.

『질(質)』은 소박한 인간의 본성을 말하고, 『문(文)』은
인간만이 가지고 있는 예의범절 등 외면치레를 극자성은 말하
고 있는 것 같다. 실상 그로서는 호랑이 가죽이나 개 가죽을
같이 보았는지도 모른다.

제63장

무위(無爲)를 행하고
무사(無事)를 일삼으며
무미(無味)를 맛보라

┃ 爲無爲, 事無事, 味無味. 大小多少, 報怨以德. 圖難於其易,
爲大於其細. 天下難事必作於易. 天下大事必作於細. 是以聖
人終不爲大, 故能成其大. 夫輕諾必寡信, 多易必多難. 是以聖
人猶難之, 故終無難矣. ┃

무위(無爲)를 행하고,

무사(無事)를 일삼으며,

무미(無味)를 맛보라.

큰 것은 작게, 많은 것은 적게,

원한은 덕으로 갚아라.

어려운 일은 쉬운 것에서 찾고,

큰일은 세세한 것부터 한다.

천하의 어려운 일은 반드시 쉬운 일로부터 비롯되고,

천하의 큰일은 반드시 작은 일로부터 비롯된다.

때문에 성인은 결코 위대해지려고 하지 않아,

능히 큰일을 이룰 수 있다.
무릇 가벼운 승낙은 믿음이 작고,
쉬운 일이 많으면 반드시 어려운 일도 많다.
그래서 성인은 오히려 모든 것을 어렵게 여겨,
끝내 어려움 없이 마칠 수 있다.

*輕諾寡信(경낙과신) ; 신중히 생각하지 않고 대번에 승
 낙하는 사람은 진실성이 적어 실행하는 일이 드묾.

대소다소 보원이덕
大小多小 報怨以德

"큰 것은 작게, 많은 것은 적게, 원한은 덕으로 갚아라."

【成語】보원이덕(報怨以德) ; "원수를 덕으로 갚으라."
는 말이다.

예수의 "오른쪽 뺨을 때리거든 왼쪽 뺨도 내놓으라." 하
는 교훈 역시 이 말처럼 원한에 대해 대처해야 할 인간의 태
도를 말한 것이라고 생각되지만, 노자 쪽이 상대에게 덕을
베풀라고 말한 점에서 보다 적극적이다. 또 그리스도의 경우
는 인인애(隣人愛)에 대한 비장한 헌신을 느끼는 데 반해 노
자의 경우는 그 무언지 흐뭇한 느낌이 든다.

그리스도는 맞아도 채여도 십자가에 매달려도 상대를 미

위하지 않고 상대가 하는 대로 내버려두며 죽어간다는 비장한 상태를 상기시켜 주지만, 노자는 집안에 침입한 도둑에게 술대접을 하는 부잣집 영감을 상상케 한다.

"무위하고, 무사를 일삼고, 무미를 맛본다. 小를 大로 하고, 적음을 많다고 한다. 원한을 갚는 데 덕으로써 한다(爲無爲 事無事 味無味 大小多少 報怨以德)"라고 되어 있다.

『무미』란 『무위』나 무(無)를 상징적으로 표현한 말이다. 『무위』도 『무(無)』도 최고의 덕이다. 『도(道)』의 상태나 속성을 나타낸 말로 동이어(同異語)라고 생각해도 좋다.

『도(道)』나 『무(無)』는 무한한 맛을 가지고 있을 것이다. 그렇지 않으면 『도』라고 할 수가 없고, 『무』라고도 할 수 없을 것이다.

"소(小)를 대(大)로 하고, 소(少)를 다(多)로 한다."란 노자 류의 역설적인 표현이다. "남(他)을 다(多)로 하고 자기(自)를 소(少)로 해서 남을 살피고 남에게서 빼앗으려는 마음을 버리라."라는 뜻일 것이다.

원래 노자 류로 말한다면 大니 小니 하는 판단은 절대적인 입장에 설 수가 없는 것이다. 인간의 판단은 상대적인 것으로, 물(物)에는 小도 大도 없다는 것이 노자의 생각이다. 그러므로 남(他)을 다(多)로 하는 생각은 어리석은 생각이라고 할 수 있다.

이 항을 알기 쉽게 말하면, "자진해서 무엇을 하려고 하지 말고, 남과 다투지 말고, 남에게서 빼앗지 말고, 무한한 맛을 알고, 자기에게 싸움을 걸고, 자기에게서 빼앗으려고 하는 자에게는 은애(恩愛)를 베풀라"는 처세상의 교훈이다.

노자의 말, 특히 처세에 관한 말은 그 대개가 위정자에게 말하고 있다. 이 말도 그렇다. 그리하여 이것을 실행한 인간은 최고의 위정자이고 성인이다.

성인이란 이상적인 대군주다. 그래서 은애를 베푸는 상대는 국민이나 또는 정복한 타국의 왕이다. 예수의 "오른쪽 뺨을 맞거든 왼쪽 뺨도 내놓으라."는 것 역시 통치자에게 하는 말인 것이다.

■ 圖難於其易 爲大於其細
도 난 어 기 이　위 대 어 기 세

"어려운 일은 쉬운 것에서 찾고, 큰일은 세세한 것부터 한다."

{쉬운 것에서 어려운 것을 도모하며, 작은 것에서 큰일을 행한다. 세상 사람들은 큰 일을 꺼려하고 작은 일을 업신여기며, 많은 것을 어렵게 생각하고 적은 것을 쉽게 생각하니 어려워진 이후에 일을 도모하고 커진 이후에 행하려고 하면

일은 항상 성공하지 못한다.

성인은 큰 일과 작은 일을 나란히 보고, 많은 것과 적은 것을 하나로 생각하여 꺼려함이 없고 어려워함이 없으니 어찌 이루지 못하는 일이 있겠는가.}

■ 天下難事必作於易 天下大事必作於細

"천하의 어려운 일은 반드시 쉬운 일로부터 비롯되고, 천하의 큰일은 반드시 작은 일로부터 비롯된다."

{어려운 일은 쉬운 것에서 찾고, 큰일은 세세한 것부터 한다. 천하의 어려운 일은 쉬운 일에서 시작되고, 천하의 큰일은 작은 일에서 시작된다.

《한비자》유로(喩老)편에도 이런 말이 있다. "천 길 둑은 개미나 땅강아지의 구멍으로 인해 무너지고, 백 척 높은 집은 아궁이의 조그마한 불씨로 인해 타버린다(千丈之隄 以螻蟻之穴潰 百尺之室 以突隙之烟焚)."

여러 가지 큰 문제도 사소한 부주의로 인해 일어난다.}

■ 聖人終不爲大 故能成其大

"성인은 결코 위대해지려고 하지 않아, 능히 큰일을 이룰 수 있다."

{성인은 아무리 큰일을 해도 자기는 큰일을 했다고 생각하지 않는다. 그래서 큰일을 할 수가 있는 것이다. 사소한 일을 하고도 큰일을 했다고 스스로 말한다면 도저히 큰일은 할 수 없다.}

■ 輕諾必寡信 多易必多難

"무릇 가벼운 승낙은 믿음이 작고, 쉬운 일이 많으면 반드시 어려운 일도 많다."

{남에게 가볍게 승낙하는 것은 결국은 신의를 잃게 되는 것이 된다. 승낙한 그대로 실행할 수 없게 될 때도 있기 때문이다.}

제64장

천릿길도 한 걸음부터 시작된다

│ 其安易持, 其未兆易謀. 其脆易泮, 其微易散. 爲之於未有,
治之於未亂. 合抱之木 生於毫末. 九層之臺起於累土. 千里之
行始於足下. 爲者敗之, 執者失之. 是以聖人無爲, 故無敗, 無
執, 故無失. 民之從事, 常於幾成而敗之. 慎終如始, 則無敗事.
是以聖人欲不欲, 不貴難得之貨. 學不學, 複衆人之所過. 以輔
萬物之自然, 而不敢爲. │

안정된 것은 지니기 쉽고,

드러나지 않은 것은 도모하기 쉬우며,

무른 것은 녹기 쉽고,

작은 것은 흩어지기 쉽다.

아직 드러나지 않았을 때 하고,

아직 어지럽지 않을 때 다스린다.

아름드리나무도 털끝만한 데서 자라나고,

구 층 누대도 한 삼태기 흙으로 쌓이며,

천릿길도 한 걸음부터 시작된다.

억지로 하려는 자는 실패하고,

잡으려는 자는 잃는다.

성인은 억지로 하지 않으니 실패하지 않고,

잡으려 하지 않으니 잃지 않는다.

백성이 일을 할 때는

항상 일이 다 될 때쯤 실패한다.

처음처럼 끝까지 신중하면 일에 실패가 없다.

이 때문에 성인은 아무것도 욕망하지 않고자 하니,

얻기 어려운 재물을 귀히 여기지 않고,

배우지 않음을 배우면서

뭇 사람의 잘못을 바로잡아,

만물이 스스로 그러하게끔 도와

감히 억지로 하려고 하지 않는다.

*兆(조) ; 징조. 조짐, 조(억의 만 배).

*謀(모) ; 꾀하다, 일을 꾸미다, 도모하다.

*脆(취) ; 연하다, 무르다.

*泮(반) ; 녹다, 분해하다, 흩어지다.

*散(산) ; 흩어지다, 분산하다.

*亂(난) ; 어지럽다, 무질서하다, 혼란하다, 전쟁, 재난.

*合抱(합포) ; 양 팔로 껴안다, 아름드리.

*毫末(호말) ; 털끝, 털끝만한 작은 일.

*累土(누토) ; 흙을 쌓아 올림, 또는 쌓아올린 흙.

*愼(신) ; 삼가다, 조심하다, 신중히 하다.

*複(복) ; 겹치다, 거듭되다.

*輔(보) ; 돕다, 바퀴 덧방나무(수레의 양쪽 가장자리에 덧대는 나무).

■ 爲之於未有 治之於未亂
위 지 어 미 유 치 지 어 미 란

"아직 드러나지 않았을 때 하고, 아직 어지럽지 않을 때 다스린다."

{일이 발생하기 전에 방지하고, 난이 일어나기 전에 다스려야 한다. 오직 도를 따르는 사람은 아직 드러나지 않았을 때 환란을 준비하니. 그로 인해 화가 닥치지 않는다.}

■ 千里之行始於足下
천 리 지 행 시 어 족 하

"천릿길도 한 걸음부터 시작한다."

【成語】천리지행시어족하(千里之行始於足下) ; "천릿길도 한 걸음부터 시작된다." 라는 뜻으로, 모든 일은 시작이 중요하다는 것을 비유하는 성어이다.

"아직 드러나지 않았을 때 하고, 아직 어지럽지 않을 때 다스린다. 아름드리나무도 털끝만한 데서 자라나고, 구 층 누대도 한 삼태기 흙으로 쌓이며, 천릿길도 한 걸음부터 시 작된다(爲之於未有 治之於未亂 合抱之木 生於毫末 九層之 臺起於累土 千里之行始於足下)."

작은 싹이 큰 나무로 자라듯이 모든 일은 그 시작이 있으 며, 작은 것에서부터 점차 크게 이루어지는 것이 당연한 이 치이므로, 이를 거스르고 억지로 이루려 하거나 집착하면 실패하게 된다는 뜻이다.

여기서 유래하여 『천리지행시어족하(千里之行始於足下)』 는 모든 일에는 시작이 중요하며, 작은 일이 쌓여서 큰 성과 를 이루게 됨을 비유하는 성어로 사용된다. 우리나라의 "천 릿길도 한 걸음부터" 라는 속담도 여기서 비롯되었다.

■ 爲者敗之 執者失之
위 자 패 지　집 자 실 지

"억지로 하려는 자는 실패하고, 잡으려는 자는 잃는다."

{29장에, "천하를 얻고자 무언가를 하고자 한다면, 나는 얻기 어려울 것이라 생각한다. 천하는 신묘한 그릇이어서, 무엇인가를 할 수가 없다. 굳이 하려고 하면 실패할 것이고, 잡으려고 하면 잃을 것이다(將欲取天下而爲之 吾見其不得

已 天下神器 不可爲也 爲者敗之 執者失之)."

《노자》에서, 천하를 취하는 방법은 추대다. 백성들이 어떤 이의 덕을 흠모하여 그를 기꺼이 통치자로 받아들이려고 할 때 그는 왕이 될 수 있다.

66장에서는, 곧 왕이 되기 위해서는, "성인이 백성의 위에 오르려면 반드시 그 말을 낮추고, 백성들보다 앞서려고 하면 반드시 그 몸을 뒤로 한다. 그러므로 백성은 성인이 위에 있어도 무겁게 느끼지 않으며, 성인이 앞에 있어도 해롭다고 느끼지 않는다. 그러므로 천하가 성인을 즐겨 추대하여 싫어하지 않는다(聖人欲上民 必以言下之 欲先民 必以身後之 是以聖人處上而民不重 處前而民不害 是以天下樂推而不厭)."

천하가 즐겨 추대하는 상황이 전제되어야만 한다. 이렇게 되면 자신이 나서서 왕이 된 것이 아니라 때와 상황에 순응하여 왕이 된 것이기 때문에 무위(無爲)와 무사(無事)로 천하를 얻은 것이 된다.}

愼終若始 則無敗事
신종약시 즉무패사

"처음처럼 끝까지 신중하면, 일에 실패가 없다."

{처음처럼 끝까지 신중하면 일에 실패가 없다. 이 때문에 성인은 아무것도 욕망하지 않고자 하니, 얻기 어려운 재물

을 귀히 여기지 않고, 배우지 않음을 배우면서 뭇 사람의 잘 못을 바로잡아, 만물이 스스로 그러하게끔 도와 감히 억지로 하려고 하지 않는다.

옛날의 군자는 큰일을 치를 때 반드시 그 처음과 마지막을 조심하였다는 말이 있다. 그만큼 이 말은 널리 알려진 교훈이었다.}

제65장

옛날에 道를 잘 행한 이는
백성을 밝게 하지 않고 어리석게 만들었다

| 古之善爲道者, 非以明民, 將以愚之. 民之難治, 以其智多. 故以智治國, 國之賊. 不以智治國, 國之福. 知此兩者, 亦楷式. 常知楷式, 是謂玄德. 玄德深矣遠矣! 與物反矣. 然後乃至大順. |

옛날에 道를 잘 행한 이는,
백성을 밝게 하지 않고 어리석게 만들었다.
백성을 다스리기 어려운 것은
꾀를 많이 쓰기 때문이다.
그러므로 꾀로써 나라를 다스리면
나라의 적이 되고,
꾀를 내지 않음으로써 다스리면
나라의 복이 된다.
언제나 이 두 가지를 아는 것이
또한 본보기가 되고,
그 본보기를 언제나 마음에 두는 것을

현묘한 德이라 부른다.
현묘한 德은 깊고도 멀구나!
사물과는 반대편에 있어,
끝내 큰 순리에 이른다.

*楷(해) ; 본보기, 모범.
*玄(현) ; 심오하다, 오묘하다, 심원하다, 유원하다.
*乃至(내지) ; 더 나아가서, 심지어.

■ 古之善爲道者 非以明民 將以愚之.

　"옛날에 도를 잘 행한 이는, 백성을 밝게 하지 않고 어리
석게 만들었다."

　{백성을 밝게 만들지 않는다는 뜻이 아니라, 교활한 작은
지혜를 거두고 순박한 원래의 본성으로 돌아가게 한다는 뜻
이다. 여기서 우매함(愚)이란, 지혜를 버리고 참된 본성을
보존하여 자연에 따르는 것을 말한다. 백성을 우매하게 한
다는 것은 순박하게 만든다는 것과 통한다.}

■ 民之難治 以其智多

　"백성을 다스리기 어려운 것은 꾀를 많이 쓰기 때문이

다."

{꾀로써 나라를 다스리면 나라의 적이 되고, 꾀를 내지 않음으로써 다스리면 나라의 복이 된다. 언제나 나라의 적과 복을 알아야 본보기가 되고, 그 본보기를 언제나 마음에 두는 것을 현묘한 덕이라 부른다.}

■ 故以智治國　國之賊　不以智治國　國之福

"그러므로 꾀로써 나라를 다스리면 나라의 적이 되고, 꾀를 내지 않음으로써 다스리면 나라의 복이 된다."

{지(智)는 꼼수(術)와 같으니, 꾀로 나라를 다스리는 것을 나라의 해악이라 일컬으니 이 때문에 그것을 꾀라고 일컫는다. 백성을 다스리기 어려운 것은 꾀가 많기 때문이니, 마땅히 욕심이 나오는 구멍을 막고 문을 닫아 꾀가 없고 욕심이 없게 힘써야 한다.

꾀와 꼼수로 백성을 동원하면 사악한 마음이 발동하게 되니, 다시 교묘한 꼼수로 백성들의 거짓된 행동을 막더라도, 백성도 그 꼼수를 알아 막는 것에 따라 그를 피하게 되니 생각이 정밀하고 교묘해지고 간사함과 거짓이 더욱 늘어나게 된다. 그래서 "꾀로써 나라를 다스리는 것은 나라의 해악이다."라고 했다.}

제66장

강과 바다는 아래에 있음으로써
모든 골짜기의 왕이 될 수 있다

| 江海之所以能爲百谷王者, 以其善下之, 故能爲百谷王. 是
以聖人欲上民, 必以言下之. 欲先民, 必以身後之. 是以聖人處
上而民不重, 處前而民不害. 是以天下樂推而不厭. 以其不爭,
故天下莫能與之爭. |

강과 바다가 모든 골짜기의 왕이 될 수 있는 것은
아래에 있음으로써 그럴 수 있다.
그러므로 성인이 백성의 위에 오르려면
반드시 그 말을 낮추고,
백성들보다 앞서려고 하면,
반드시 그 몸을 뒤로 한다.
그러므로 백성은 성인이 위에 있어도
무겁게 느끼지 않으며,
성인이 앞에 있어도 해롭다고 느끼지 않는다.
그러므로 천하가 성인을 즐겨 추대하여 싫어하지 않는다.
성인이 다투지 않으니,

천하는 그와 다툴 수 없다.

*百谷王 ; 모든 골짜기의 물이 모이는 곳이라는 뜻으로,
 바다를 비유적으로 이르는 말.
*推(추) ; 추천하다, 천거하다, 추거(推擧)하다.
*處 ; 처하다, 존재하다.
*厭(염) ; 싫어하다, 물리다.
*莫能(막능) ; …을 할 수 없다.

■ 강해소이능위백곡왕자　이기선하지　고능위백곡왕
江海所以能爲百谷王者　以其善下之　故能爲百谷王

"강과 바다가 모든 골짜기의 왕이 될 수 있는 까닭은 그
들보다 낮은 곳에 잘 처해 있기 때문이다. 그래서 모든 골짜
기의 왕이 될 수 있는 것이다."

{골짜기는 물이 계곡으로 흘러들어가는 곳이므로 내(川)
와 같은 뜻이다. 왕이라는 말은 천하가 모두 그에게 돌아간
다(歸往)는 의미다. 61장에서, "큰 나라는 아래로 흐르는 물
이다(大國者下流)." 라는 말과 서로 통한다.

사람도 자기를 항상 낮은 곳에다 두게 되면 거기에서 모
든 사람들의 가르침을 얻을 수 있고, 또한 인망도 흘러 들어
와서 실력을 쌓을 수가 있다. 백곡왕(百谷王)은 많은 골짜기

의 왕, 곧 바다. 수많은 내가 모이는 곳이므로 만민이 천자를 따름에 비유한다.}

■ 欲上民 必以言下之 欲先民 必以身後之
<small>욕 상 민　필 이 언 하 지　욕 선 민　필 이 신 후 지</small>

"백성의 위에 오르려면 반드시 그 말을 낮추고, 백성들보다 앞서려고 하면, 반드시 그 몸을 뒤로 한다."

{백성을 통치하려면 겸손한 말로 자신을 낮추고, 백성 앞에 서고자 한다면 백성 뒤에 서야 한다. 백성은 가까이할 수는 있어도 아래로 낮출 수는 없다. 백성은 나라의 근본이니 근본이 튼튼해야 나라가 편안하다. 백성을 아래로 낮출 수 없다면 화해를 위해서는 자신이 아래로 처하는 수밖에 없다.}

제67장

천하 사람들은 나의 道가 커서
닮은 것이 없다고 하는 것 같다

| 天下皆謂我道大, 似不肖. 夫唯大, 故似不肖. 若肖, 久矣其細也夫. 我有三寶, 持而保之. 一曰慈, 二曰儉, 三曰不敢爲天下先. 慈故能勇, 儉故能廣, 不敢爲天下先, 故能成器長. 今捨慈且勇, 捨儉且廣, 捨其後且先, 死矣! 夫慈, 以戰則勝, 以守則固. 天將救之, 以慈衛之. |

천하 사람들은 나의 道가 커서
닮은 것이 없다고 하는 것 같다.
아마 크기 때문에
닮지 않은 것 같기도 하다.
만약 닮았다면
오래될수록 자잘해지는 것 아니겠는가.
내게 세 가지 보물이 있으니,
지니고 소중히 여긴다.
첫째는 자애로움이고,
둘째는 검약이며,

셋째는 감히 천하 사람들 앞에 나서지 않음이다.

자애롭기 때문에 용감할 수 있고,

검약하기 때문에 넉넉할 수 있으며,

감히 천하에 나서려 하지 않아

큰 그릇을 이루어 우두머리가 된다.

이제 자애로움을 버린 채 용감하고,

검약함을 버린 채 널리 베풀며,

몸을 뒤로 물리는 것을 버리고 앞에 나서니,

죽을 수밖에 없을 것이다.

무릇 자애로움이란,

그것으로 싸우면 이기고,

그것으로 지키면 견고할 것이다.

하늘이 장차 그것을 도울 것이고,

자애로움으로 지켜줄 것이다.

*不肖(불초) ; 닮지 않았다는 뜻으로, 매우 어리석은 사람
  을 말하거나 자식이 부모에게 낮출 때 쓰는 말.

*肖(초) ; 닮다, 비슷하다.

*衛(위) ; 보위하다, 지키다.

*且(차) ; 또, 또한, 우선, 장차, 만일.

■ 我有三寶 持而保之
_{아 유 삼 보} _{지 이 보 지}

"내게는 세 가지 보물이 있으니, 지녀서 소중히 여긴다."

{ "나에게는 세 가지 보물이 있으니, 영원토록 간직하고 소중히 여길 것이다. 첫째는 인자함이고, 둘째는 검소함이며, 셋째는 남의 앞자리에 서지 않는 것이다. 인자하기에 두려움 없이 용감할 수 있고, 검소하기 때문에 길이 풍족할 수 있으며, 남의 앞자리에 서지 않기에 만물의 우두머리가 될 수 있다(一日慈 二日儉 三日不敢爲天下先 慈故能勇 儉故能廣 不敢爲天下先 故能成器長)"

노자가 말한 세 가지 보물은 도와 덕의 사회적 실천을 뜻한다. 잔혹한 전쟁을 경험한 노자는 나라를 태평하게 하는 것은 이 세 가지 보물과 뗄 수 없는 관계를 지닌다고 여겼다. 이 세 가지 보물을 여러 분야에서 운용한다면 승리를 얻을 수 있는데, 춘추시대 제(齊)나라의 정치가 안영(晏嬰, ?~BC 500)이 검소함으로 나라의 번영을 도운 일화가 이를 보여준다.

사회적 갈등이 심화되어 혼란스러웠던 춘추시대 말기에 안영은 사치와 낭비, 과도한 징세, 엄혹한 형벌을 반대했고, 통치자의 무지함과 부패를 비판했다. 또한 검소한 생활을 몸소 실천하면서 남들이 명리를 추구하는 동안 안영은 청빈하게 살았다.}

■ 慈故能勇

"자애롭기 때문에 용감할 수 있다."

{자애심이 두텁기 때문에 자연히 용기가 생기는 것이다. 자비라고 하면 항상 부드럽고 온유한 것으로 생각되나, 가장 온유한 자비에서 가장 큰 용기가 나오는 것이다.}

■ 儉故能廣

"검약하기 때문에 넉넉할 수 있다."

{항상 검소하게 행동을 삼가는 검약의 길은 좁고도 궁색한 것이라고 생각되지만, 실은 사람에게 넓고 여유를 주는 것이다. 경제적으로 검약하다면 풍요롭게 살 수 있을 것이고, 정신적으로 몸을 삼간다면 항상 하늘과 땅에 부끄러움이 없이 여유작작한 기분으로 살 수가 있는 것이다.

넉넉함을 추구하면 쉽게 궁핍해지고 검약은 손쉽게 만족에 도달하므로 검약이 결국에는 넉넉함이 되고, 진취를 추구하는 것은 남의 미움을 사기 쉽고, 앞에 나서지 않으면 다른 사람이 오히려 그를 밀어주기 때문에, 앞에 나서지 않음으로써 결국 사람들의 우두머리가 될 수 있다.}

제68장

훌륭한 장수는 무예를 중시하지 않고,
잘 싸우는 사람은 노하지 않는다.

| 善爲士者不武, 善戰者不怒, 善勝敵者不爭, 善用人者爲之
下. 是謂不爭之德. 是謂用人之力. 是謂配天, 古之極. |

훌륭한 무사는 무예를 중시하지 않고,
잘 싸우는 사람은 노하지 않으며,
적을 잘 이기는 사람은 다투지 않고,
남을 잘 부리는 사람은 아래로 처한다.
이를 일러 다투지 않는 德이라 하고,
이를 일러 사람 부리는 힘이라 하며,
이를 일러 하늘과 짝한다고 하는데,
옛날의 지극함이다.

*士 ; 선비, 군사(軍士), 병사(兵士).
*武 ; 무예(武藝), 무술(武術).
*爭 ; 다투다, 싸우다, 논쟁하다.
*配 ; 나누다, 짝짓다.

■ 善爲士者不武 善戰子不怒
선 위 사 자 불 무　선 전 자 불 노

善勝敵者不爭 善用人者爲之下
선 승 적 자 부 쟁　선 용 인 자 위 지 하

"훌륭한 무사는 무예를 중시하지 않고, 잘 싸우는 사람은 노하지 않고, 적을 잘 이기는 사람은 다투지 않고, 남을 잘 부리는 사람은 아래로 처한다."

{뛰어난 무사는 무용(武勇)으로써 상대와 겨루지 않고, 싸움을 잘하는 사람은 분노로써 상대를 대하지 않으며, 적을 잘 이기는 사람은 상대와 더불어 맞서지 않고, 남을 부리는 데 있어 그 아래에 처하지 못하면 그 힘을 활용할 수 없는 것이다.

무용을 중시하지 않고, 노하지 않는다는 것은 67장의 "자애롭기 때문에 용감할 수 있다(慈故能勇)."와 통하고, 남과 다투지 않고 아래로 처한다는 것은 "감히 천하 사람들 앞에 나서지 않는다(不敢爲天下先)."와 통한다. 사(士)는 장수를 가리킨다.

《손자》 모공(謀攻)편에도, "백전백승은 최선이 아니다. 싸우지 않고 적을 굴복시키는 것이 최선이다(百戰百勝 非善之善者也 不戰而屈人之兵 善之善者也)."라고 했다.}

제69장

나는 먼저 군사를 일으키지 않고
다만 대적할 따름이다

| 用兵有言, 吾不敢爲主而爲客, 不敢進寸而退尺. 是謂行無
行. 攘無臂, 扔無敵, 執無兵. 禍莫大於輕敵. 輕敵幾喪吾寶.
故抗兵相加, 哀者勝矣. |

병법에 이런 말이 있다.
나는 감히 먼저 군사를 일으키지 않고
다만 대적할 따름으로,
한 치 앞으로 진군하지 않고 한 자 뒤로 물러선다.
이를 일러 대형(隊形) 없는 진(陣),
팔을 치켜 올리지만 팔이 없고,
없는 적을 무찌르고,
병기는 있지만 잡을 병사가 없고,
적을 가볍게 보는 것처럼 큰 화가 없으니,
적을 가볍게 보면 내 보배를 거의 잃을 것이다.
그러므로 군대를 일으켜 서로 맞설 때,
애통해하는 자가 이긴다.

*爲主(위주) ; 주동적으로 나서 적을 공격하다.

*爲客(위객) ; 수동적으로 대적하다.

*行無行(행무행) ; 대형(隊形)이 없는 진(陣).

*攘(양) ; 걷다, 걷어 올리다.

*扔(잉) ; 끌어당기다, 부수다, 깨뜨리다.

*臂(비) ; 팔.

*幾(기) ; 몇, 얼마, 어느 정도, 거의.

*喪(상) ; 잃다.

*抗(항) ; 군대를 일으키다.

*加(가) ; 적과 맞서다.

■ 不敢進寸而退尺
불 감 진 촌 이 퇴 척

"감히 한 치(寸)를 나아가지 않고, 한 자(尺) 뒤로 물러 난다."

{어떻게 전쟁을 시작하는가보다는 어떻게 전쟁을 끝낼 것인가에 뜻을 두어야 한다. 공격에만 뜻을 두고 싸운다면 반드시 전쟁에 패하고 만다.}

【成語】진촌퇴척(進寸退尺) ; 득보다 실이 많음.

"한 치를 나아가고 한 자를 물러난다" 라는 뜻으로, 얻는 것은 적고 잃는 것은 많다는 말이다.

"병법에 이런 말이 있다. '나는 감히 먼저 군사를 일으키지 않고 다만 대적할 따름이다. 한 치도 진군하지 않고 한 자 뒤로 물러선다.' 이를 일러 대형(隊形) 없는 진(陣), 팔을 치켜 올리지만 팔이 없고, 없는 적을 무찌르고, 병기는 있지만 잡을 병사가 없고, 적을 가볍게 보는 것처럼 큰 화가 없으니, 적을 가볍게 보면 내 보배를 거의 잃을 것이다. 그러므로 군대를 일으켜 서로 맞설 때, 애통해하는 자가 이긴다."

또한, 당(唐)나라 한유(韓愈)의 〈상병부이시랑서(上兵部李侍郎書)〉는 한유가 유배생활을 한 뒤에 다시 중용되기를 바라는 마음에서 병부시랑 이손(李巽)에게 스스로를 추천하여 보낸 편지다.

이 글의 서두에, "운수가 희박하고 운이 따르지 않아 움직이면 참언과 비방을 당하여 한 치를 나아가고 한 자를 물러섰으니 결국 아무것도 이루지 못하였습니다(薄命不幸 動遭讒謗 進寸退尺 卒無所成)."라는 구절이 있다.

여기서 유래하여 『진촌퇴척』은 얻는 것은 적고 잃는 것은 큰 경우를 비유하는 성어로 사용된다. 흔히 "득보다 실이 많다"라는 표현과 같다. 『촌진척퇴(寸進尺退)』라고도 한다.

■ 故抗兵相加 哀者勝矣
_{고 항 병 상 가 애 자 승 의}

"그러므로 군대를 일으켜 서로 맞설 때, 애통해하는 자가 이긴다."

{전쟁을 할 때, 먼저 공격한 쪽은 전쟁을 해서 뭔가 얻고자 하는 적극적인 의사가 있으므로 전쟁을 애통해 할 리 없고, 애통해 하는 쪽은 대항하는 쪽을 말하는데, 세력이 비슷한 군사가 맞붙었을 때는 응적(應敵)하는 쪽이 이기는 것이 상례라 할 수 있다.}

제70장

성인은 베옷을 입고도 옥을 품는다.

│ 吾言甚易知, 甚易行. 天下莫能知, 莫能行. 言有宗, 事有君.
夫唯無知, 是以我不知. 知我者希, 則我者貴. 是以聖人被褐而
懷玉. │

내 말은 참으로 알기도 쉽고,

행하기도 쉬운데,

천하 누구도 알지도 못하고,

행하지도 못한다.

말에는 요지가 있고,

일에도 근거가 있다.

무릇 요지도 핵심도 모르니,

나를 모르는 것이다.

나를 아는 자가 드무니,

나는 귀해질 것이다.

그래서 성인은 베옷을 입고도 옥을 품는다.

*言有宗(언유종) ; 말에 요지가 있다.

*事有君(사유군) ; 일에 근거가 있다.

*希(희) ; 드물다, 적다, 희소하다.

*被(피) ; (옷을) 입다, 당하다, 씌우다, 덮다.

*褐(갈) ; 털옷, 거친 삼베옷.

*懷(회) ; 품다, (마음속에) 간직하다, 가슴, 품.

■ 知我者希 則我者貴

"나를 아는 자가 드무니, 나는 귀해진다."

{나를 알아주는 자가 세상에 드물다는 것은 자기가 가장 고상한 도(道)를 지니고 있기 때문이다.}

■ 聖人被褐而懷玉

"성인은 베옷을 입고도 옥을 품는다."

【成語】 피갈회옥(被褐懷玉) ; "겉에는 거친 베옷을 입고 있으나 속에는 옥을 품고 있다."라는 뜻으로, 현인이 세상에 모습을 드러내려고 하지 않음을 비유하여 이르는 말이다.

《공자가어(孔子家語)》에도 있는 말이다.

자로가 공자에게 물었다. "어떤 사람이 베옷을 입고 옥을 품었다면 어떻겠습니까?"

공자가 말했다. "나라에 도가 없으면 은둔하는 것도 좋

다. 나라에 도가 있으면 아름다운 옷을 입고 옥을 품을 것
이다.”

거친 옷을 입었으나 속에는 옥을 지녔다는 뜻으로, 지덕
을 갖춘 사람이 세상에 알려지려고 하지 아니함을 비유적
으로 이르는 말이다.

제71장

모른다는 것을 아는 것이 최상이지만
모르면서 안다고 여기는 것은 병이다

| 知不知上, 不知知病. 夫唯病病, 是以不病. 聖人不病, 以其病病, 是以不病. |

모른다는 것을 아는 것이 최상이지만,
모르면서 안다고 여기는 것은 병이다.
무릇 병을 병이라 여기면
병이 되지 않는다.
성인은 병이 없으니,
병을 병으로 여기기 때문에
병이 없는 것이다

*知不知(지부지) ; (자신이) 모른다는 것을 안다.
*不知知(부지지) ; 모르면서 알고 있다고 생각하다.
*病病(병병) ; 병을 병으로 여기다.

■ 知不知上
　　지 부 지 상

"모른다는 것을 아는 것이 최상이다."

{모른다는 것을 아는 것이 가장 좋다. 잘못을 저지르는 사람의 병폐는 모르면서도 스스로는 안다고 생각하는 것이다.

사물에는 그런 것 같지만 그렇지 않은 것이 많다. 그러므로 나라를 망하게 하고 백성을 고통스럽게 하는 일이 그치지 않는 것이다.

인간은 무한한 세상에서 무지할 수밖에 없기 때문에 결국 자연에 순응할 수밖에 없는 것이다. 그러므로 자신이 모른다는 것을 아는 것이 인순(因循)과 순응(順應)의 첫걸음이다. 그런데도 스스로 모든 것을 알고 있는 것처럼 행동하는 사람이 많고, 그런 사람으로 인해 나라가 망하고 백성이 고통 받는 일이 벌어진다. 무릇 사람의 병폐는 모르면서도 안다고 생각하는 것이다.}

제72장

성인은 저것(押 · 厭)을 버리고
이것(無狎 · 無厭)을 취한다.

| 民不畏威, 則大威至. 無狎其所居, 無厭其所生. 夫唯不厭,
是以不厭. 是以聖人自知不自見. 自愛不自貴. 故去彼取此. |

백성이 압정(壓政)을 두려워하지 않으면
큰 억압에 이르게 된다.
그들의 집을 핍박하지 말고,
그들의 삶을 싫어하지 마라.
백성을 싫어하지 않으면
백성도 싫어하지 않는다.
그러므로 성인은 스스로 알기 때문에
자신을 드러내지 않으며,
스스로 사랑하기 때문에 스스로를 귀히 여기지 않는다.
그래서 성인은 저것을 버리고 이것을 취한다.

*無狎(무압) ; 핍박하지 말라.
*無厭(무염) ; 싫어하지 말라.

*去彼取此(거피취차) ; 저것을 버리고 이것을 취한다.

민 불 외 위   즉 대 위 지
■ 民不畏威 則大威至

"백성이 압정(壓政)을 두려워하지 않으면 큰 억압에 이르게 된다."

{제74장에서, "백성이 죽음을 겁내지 않는데 어찌 죽음으로 그들을 두렵게 만들겠는가(民不畏死 奈何以死懼之)."

이를 통해 지금 문장을 다시 보면 "백성들이 두려워해야 할 것을 두려워하지 않는다."는 것은 죽음도 두려워하지 않는다는 말이다. 가혹한 정치로 이미 막다른 곳에 몰려 있기 때문에 백성들은 죽음조차도 두려워하지 않는다. 그런 상황에 대한 책임은 당연히 위정자가 져야 한다. 곧 큰 두려움을 받는 것은 백성이 아니라 위정자인 것이다.

공자가 노나라의 혼란 상태에 환멸을 느끼고 제나라로 가던 중 세 개의 무덤 앞에서 슬피 우는 여인을 만났다. 사연을 물은 즉, 시아버지, 남편, 아들을 모두 호랑이가 잡아먹었다는 것이었다. 이에 공자가, "그렇다면 이곳을 떠나서 사는 것이 어떠냐?"고 묻자, 여인은, "그래도 여기서 사는 것이 차라리 낫습니다. 다른 곳으로 가면 무거운 세금 때문에 그나마도 살 수가 없습니다."라고 대답하였다. 이에 공

자가 "가혹한 정치는 호랑이보다도 더 무섭다(苛政猛於虎)는 것을 알려주는 말이로구나." 하였다.}

■ 是以聖人自知不自見
<small>시 이 성 인 자 지 부 자 현</small>

"그러므로 성인은 스스로 알기 때문에 자신을 드러내지 않는다."

{성인은 스스로 많이 알지만 백성들이 꺼려할까 봐 스스로 드러내지 않는 것이다. 설령 공이 있다고 하더라도 다스리는 사람이 스스로를 뽐내면 백성이 그가 윗자리에 있는 것을 버거워할 것이고, 비록 내세울 만한 것이 있다고 하더라도 스스로를 귀하게 여기면 백성은 결국 그의 다스림을 해롭다고 생각할 것이다.}

■ 故去彼取此
<small>고 거 피 취 차</small>

"그래서 성인은 저것을 버리고 이것을 취한다."

{12장에서 "성인은 배를 위하지 눈을 위하지 않는다. 그러므로 저것(눈)을 버리고 이것(배)을 취한다(是以聖人 爲腹不爲目 故去彼取此)."

여기서 성인은, "저것(눈)을 버리고 이것(배)을 취한다

(去彼取此)."라고 했다.

또 38장에서는, "그러므로 대장부는 후덕하지 얄팍하지 않으며, 열매(實)에 머물지 꽃(華)에 머물지 않는다. 그러므로 대장부는 저것(華)을 버리고 이것(實)을 취한다(是以大丈夫 處其厚不居其薄 處其實 不居其華 故去彼取此)."

이 장에서는, "저것(狎·厭)을 버리고 이것(無狎·無厭)을 취한다(去彼取此)."

그런데 공자는 "자기를 극복하고 예를 따르는 것" 즉 『극기복례(克己復禮)』를 주장했고,

노자는 "저것을 버리고 이것을 취하며, 바람직한 것을 버리고 바라는 것을 취하는 것" 즉 『거피취차(去彼取此)』를 주장했다.

따라서 공자는 삶의 중심을 『우리』에서부터 찾았고, 노자는 삶의 중심을 『나』에게서 찾은 것이다.}

제73장

용기의 감행은 곧 죽음이요
용기의 절제는 곧 삶이다

| 勇於敢則殺, 勇於不敢則活. 此兩者 或利或害. 天之所惡, 孰知其故. 是以聖人猶難之. 天之道, 不爭而善勝, 不言而善應, 不召而自來, 繟然而善謀. 天網恢恢, 疏而不失. |

용기의 감행은 곧 죽음이요,
용기의 절제는 곧 삶이다.
이 두 가지는,
혹은 이롭고, 혹은 해롭다.
하늘이 싫어하는 것을
그 누가 알겠는가?
그러므로 성인 또한 그것을 꺼리는 것이다.
하늘의 도는,
싸우지 않고도 잘 이기고,
말하지 않고도 잘 따르며,
부르지 않아도 스스로 찾아오고,
느긋하면서도 잘 도모한다.

하늘의 그물은 아주 커서 성긴 듯하지만,

어느 것 하나 놓치는 것이 없다.

*活(활) ; 살다, 생존하다, 생활하다.

*孰(숙) ; 누구, 무엇, 어느, 익다, 여물다.

*召(초) ; 부르다, 초래하다.

*繟然(천연) ; 느긋하다.

*天網(천망) ; 하늘이 친 그물. 시비곡직을 가리는 천도
 (天道)를 그물에 비유한 말.

*恢恢 ; 매우 넓다, 매우 광대하다.

■ 勇^용於^어敢^감則^즉殺^살 勇^용於^어不^불敢^감則^즉活^활

"용기의 감행은 곧 죽음이요, 용기의 절제는 곧 삶이다."

{용기에는 두 종류가 있다. 그 하나는 감(敢), 즉 어떠한 곤란이 있어도 과감하게 해낸다는 용기. 다른 하나는 불감(不敢), 즉 어떠한 일이 있어도 절대로 하지 않는다는 용기다. 감(敢)의 용기는 잘못하면 사람을 죽이고 자기도 죽이게 된다. 불감(不敢)의 용기는 사람을 살리고 또 자기도 살린다. 보다 귀중한 것은 불감의 용기다.

감히 하는 데는 용감하지 않아야 하고, 감히 하지 않는 데

는 용감해야 하는 것이다.}

■ 天^천網^망恢^회恢^회 疎^소而^이不^불失^실

"하늘의 그물은 아주 커서 성긴 듯하지만, 어느 것 하나 놓치는 것이 없다."

【成語】 천망회회(天網恢恢) ; 하늘이 친 그물은 하도 커서 얼른 보기에는 엉성해 보이지만, 이 그물에서 빠져나가지 못한다는 뜻이다. 즉 악힌 사람이 아한 일을 해도 금방 벌을 받고 화를 입는 일은 없지만, 결국 언젠가는 자기가 저지른 죄의 값을 치르게 된다는 말이다.

《위서(魏書)》 임성왕전(任城王傳)에, "노담(老聃, 노자)이 말하기를 '그 정치가 찰찰(察察)하면 그 백성이 결결(決決)하다.'고 하고, 또 말하기를, '하늘의 그물은 아주 커서 성긴 듯하지만, 어느 것 하나 놓치는 것이 없다.'"라고 했다. 찰찰은 너무 세밀하게 살피는 것을 말하고, 결결은 다칠까봐 조마조마한 것을 말한다.

결국 악한 사람들이 악한 일로 한때 세도를 부리고 영화를 누리는 것처럼 보이지만, 결국 언젠가 하늘이 그물을 끌어올리는 날은 도망치지 못하고 잡힌다는 뜻이다.

제74장

백성이 죽음을 두려워하지 않는데,
어찌 죽음으로 그들을 두렵게 만들겠는가.

| 民不畏死, 奈何以死懼之. 若使民常畏死, 而爲奇者, 吾得執
而殺之, 孰敢. 常有司殺者殺, 夫代司殺者殺, 是謂代大匠斲.
夫代大匠斲, 希有不傷其手矣. |

백성이 죽음을 두려워하지 않는데,
어찌 죽음으로 그들을 두렵게 만들겠는가.
만약 백성들로 하여금 언제나 죽음을 두려워하게 하여도
옳지 않은 짓을 하려는 자가 있다면,
내가 붙잡아 죽일 것이니,
누가 감히 그렇게 하겠는가.
죽임을 관장하는 자는 언제나 따로 있어,
무릇 죽임을 관장하는 자를 대신하여 죽인다면,
이를 큰 목수를 대신해 나무를 깎는 것이라 한다.
큰 목수를 대신해 나무를 깎는 자 가운데,
그 손을 다치지 않는 자는 드물다.

*奈何(내하) ; 어찌함, 어떻게.

*懼(구) ; 두려워하다.

*使(사) ; 하여금, 가령, 시키다, 하게 하다.

*奇(기) ; 기이하다, 신기하다, 의외이다, 느닷없다.

*司(사) ; (직무로서 어떤 일을) 맡다.

*匠(장) ; 장인(匠人).

*斲(착) ; (칼·도끼 등으로) 찍다, 패다, 쪼개다, 깎다, 자르다. 베다.

■ 民不畏死 奈何以死懼之
　　민 불 외 사　내 하 이 사 구 지

"백성이 죽음을 두려워하지 않는데, 어찌 죽음으로 그들을 두렵게 만들겠는가."

{백성이 죽음을 두려워하지 않는 것은 형벌이 가혹하기 때문이다. 형벌이 가혹하면 백성은 그 삶을 의지할 데가 없다. 삶을 의지할 데가 없으면 통치자의 위엄도 안중에 두지 않는다. 그러나 형벌이 사리에 맞으면 백성은 죽음을 두려워하게 된다.

죽음을 두려워한다는 것은 삶이 그만큼 소중하기 때문이다. 삶의 소중함을 알기 때문에 죽음이 두려워지는 것이다. 이것이 통치자의 마땅한 도리이고, 위정자의 마땅한 처신인

것이다.}

■ 代大匠斲 希有不傷其手矣

"큰 목수를 대신해 나무를 깎는 자 가운데, 그 손을 다치지 않는 자는 드물다."

{오로지 하늘만이 사람을 죽일 수 있고, 오로지 큰 목수만이 나무를 깎을 수 있다. 사람들이 하늘을 대신하여 남을 죽이려는 것은 목수를 대신해서 나무를 깎는 것과 같다. 대신해서 나무를 자르는 사람이 손에 상처를 입는다는 것을 통해 대신해서 살인하는 사람의 일신에 해로움이 있음을 비유한 것이다.}

제75장

백성이 굶주리는 것은
위에서 많은 세금을 부과하기 때문이다.

民之饑, 以其上食稅之多, 是以饑. 民之難治, 以其上之有
爲, 是以難治. 民之輕死, 以其求生之厚, 是以輕死. 夫唯無以
生爲者, 是賢於貴生.

백성이 굶주리는 것은
위에서 많은 세금을 부과하기 때문이다.
백성을 다스리기 어려운 것은
위에서 뭔가 하려고 들기 때문이다.
백성이 죽음을 가벼이 여기는 것은
위에서 자신들의 삶을 구함이 지나치기 때문이다.
무릇 살기 위해서 무엇인가를 하지 않는 것이
삶을 귀히 여기는 자보다 현명하다.

*饑 ; 굶주림.
*食稅 ; 세금을 부과하다. 세금이 백성을 괴롭힌다는 뜻.

■ ^{민 지 난 치}民之難治 ^{이 기 상 지 유 위}以其上知有爲 ^{시 이 난 치}是以難治

"백성을 다스리기 어려운 것은 위에서 뭔가 하려고 들기 때문이다."

{ "뭔가를 하려고 한다" 는 것은 여러 가지 교묘한 목적을 가지고 정령과 지모로 백성을 다스리는 것을 말한다.}

■ ^{민 지 경 사}民之輕死 ^{이 기 구 생 지 후}以其求生之厚

"백성이 죽음을 가벼이 여기는 것은 위에서 자신들의 삶을 구함이 지나치기 때문이다."

{ "죽음을 가벼이 여긴다" 는 것은 단지 구차한 삶에만 집착하여 실로 생명을 중시하는 방법을 알지 못하기 때문에 결국 쉽게 죽는다는 것을 의미한다.

"삶을 구함이 지나치다" 는 것은 부귀와 명예로 자신의 삶을 호화스럽게 꾸미려는 욕망이 강한 것을 의미한다.}

제76장

사람이 태어날 때는 부드럽고 약하지만
죽으면 뻣뻣하고 딱딱해진다

| 人之生也柔弱, 其死也堅强. 萬物草木之生也柔脆, 其死也 枯槁. 故堅强者死之徒, 柔弱者生之徒. 是以兵强則不勝, 木强 則折. 强大處下, 柔弱處上. |

사람이 태어날 때는 부드럽고 약하지만,
죽으면 뻣뻣하고 딱딱해진다.
만물과 초목은 날 때는 부드럽고 연하지만,
죽으면 마르고 파리해진다.
그러므로 단단하고 억센 것은 죽음의 무리이고,
부드럽고 약한 것은 삶의 무리이다.
그러므로 군대가 강하면 이기지 못하고,
나무가 강하면 부러진다.
강하고 큰 것은 아래에 처하고,
부드럽고 약한 것은 위에 자리한다.

*柔脆(유취) ; 연하고 무름, 무르고 약함.

*枯槁(고고) ; 초목이 말라 물기가 없음. 야위어서 파리함.

*堅强(견강) ; 굳세고 힘이 강함.

*柔弱(유약) ; 부드럽고 약함.

■ 人之生也柔弱 其死也堅强

"사람이 태어날 때는 부드럽고 약하지만, 죽으면 뻣뻣하고 딱딱해진다."

{사람이 살아 있다는 것은 부드러움이요, 죽음은 굳어짐이다. 사람은 처음 태어났을 때에는 부드럽고 약하다. 죽으면 강직하게 굳어진다. 식물, 동물이 모두 다 그렇다. 즉 유약한 것은 삶(生)의 길이고, 강직한 것은 죽음(死)의 길인 것이다.

노자는 부드러움과 강함을 비교하면서 각각에 삶과 죽음의 이미지를 부여했다. 죽기 싫어하고 살고자 하는 것은 구체적이고, 현실적이며, 세속적이고, 공리적인 욕망이기 때문에 부드러움이라는 속성이 살아남을 수 있는 길(道)과 연결되는 순간 부드러움에 대한 찬양은 단순한 이론이 아니라 생동하는 처세의 방법인 것이다.}

■ 萬物草木之生也柔脆 其死也枯槁
(만 물 초 목 지 생 야 유 취　기 사 야 고 고)

"만물과 초목은 날 때는 부드럽고 연하지만, 죽으면 마르고 파리해진다."

{온갖 것, 풀과 나무는 살아 있으면 부드럽고 연하지만 죽으면 말라 뻣뻣해진다. 그러므로 단단하고 강한 것은 죽음의 무리이고, 부드럽고 약한 것은 삶의 무리이다.

43장에서도, "세상에서 가장 부드러운 것이, 세상에서 가장 단단한 것을 뚫는다(天下之至柔, 馳騁天下之至堅)."라고 말하고 있다.}

제77장

하늘의 道는 마치 활을 당기는 것 같다.

| 天之道, 其猶張弓與. 高者抑之, 下者擧之. 有餘者損之, 不足者補之. 天之道, 損有餘而補不足. 人之道, 則不然, 損不足以奉有餘. 孰能有餘以奉天下. 唯有道者. 是以聖人爲而不恃, 功成而不處, 其不欲見賢. |

하늘의 道는,
마치 활을 당기는 것 같다.
높이 있는 것은 누르고,
아래 있는 것은 올린다.
넉넉한 것은 덜어내고,
부족한 것은 보탠다.
하늘의 道는,
넉넉한 것을 덜어내어 부족한 것에 보태는 것이다.
사람의 道는 그렇지 않아,
부족한 것에서 덜어 넉넉한 것에 보탠다.
누가 넉넉한 곳의 것들로 천하를 받들 수 있는가?
오직 道를 따르는 이들일 따름이다.

그래서 성인은 행하더라도 자부하지 않고,

공이 이루어지더라도 그 안에서 머물지 않고,

자신의 현명함을 드러내려 하지 않는다.

*張(장) ; 베풀다, 당기다.

*抑(억) ; 누르다, 억압하다.

*擧(거) ; 들다, 들어 올리다, 위로 받치다.

*補(보) ; 고치다, 깁다, 메우다. 보충하다, 보양하다.

*損(손) ; 덜다, 줄다, 잃다, 손해를 보다.

*不然(불연) ; 그렇지 아니함.

*孰能(숙능) ; 누가 감히 할 수 있겠는가.

*恃(시) ; 자부하다.

■ 天之道 其猶張弓與 高者抑之 下者擧之
천 지 도　기 유 장 궁 여　고 자 억 지　하 자 거 지

　"하늘의 도는 마치 활을 당기는 것 같다. 높이 있는 것은
누르고, 아래 있는 것은 올린다."

　{하늘의 도는 마치 활을 당기는 것 같다. 활시위를 당길
때는 그 높은 곳을 누르고, 반대로 낮은 곳을 들어 올려준다.
하늘의 도는 마찬가지로 여유를 가지고 부족함에 보태는 것
이다.}

■ <ruby>天<rt>천</rt></ruby><ruby>之<rt>지</rt></ruby><ruby>道<rt>도</rt></ruby> <ruby>損<rt>손</rt></ruby><ruby>有<rt>유</rt></ruby><ruby>餘<rt>여</rt></ruby><ruby>而<rt>이</rt></ruby><ruby>補<rt>보</rt></ruby><ruby>不<rt>부</rt></ruby><ruby>足<rt>족</rt></ruby>
<ruby>人<rt>인</rt></ruby><ruby>之<rt>지</rt></ruby><ruby>道<rt>도</rt></ruby> <ruby>則<rt>즉</rt></ruby><ruby>不<rt>불</rt></ruby><ruby>然<rt>연</rt></ruby> <ruby>損<rt>손</rt></ruby><ruby>不<rt>부</rt></ruby><ruby>足<rt>족</rt></ruby><ruby>以<rt>이</rt></ruby><ruby>奉<rt>봉</rt></ruby><ruby>有<rt>유</rt></ruby><ruby>餘<rt>여</rt></ruby>

"하늘의 도는 넉넉한 것을 덜어내어 부족한 것에 보태는 것이다. 사람의 도는 그렇지 않아, 부족한 것에서 덜어 넉넉한 것에 보탠다."

{하늘의 도는 남는 것에서 덜어내어 모자란 것에 보태준다. 사람의 도는 그렇지 않아, 모자라는 데서 덜어내어 남는 데에 바친다. 사람은 남는 것에는 힘을 더 쓰고, 부족한 것은 점점 더 깎으려 든다.

공평하고 균형 있는 사회를 만들기 위해 필요한 일들을 말하고 있는 것이다.}

제78장

약함이 강함을 이기고
부드러움이 굳셈을 이긴다

| 天下莫柔弱於水, 而攻堅强者莫之能勝, 以其無以易之. 弱之勝强, 柔之勝剛, 天下莫不知, 莫能行. 是以聖人云, 受國之垢, 是謂社稷主. 受國不祥, 是爲天下王. 正言若反. |

천하에 물만큼 부드럽고 약한 것이 없지만,
단단하고 강한 것을 공격하는 데는
그보다 나은 것이 없으니,
이를 바꿀 수 있는 것이 없다.
약함이 강함을 이기고,
부드러움이 굳셈을 이기는 것은
천하에 모르는 이가 없으나,
실행하는 이가 없다.
그래서 성인이 이르기를,
나라의 더러운 것을 받아내는 자를 일러
사직의 주인이라 부르고,
나라의 상서롭지 못한 일을 끌어안는 자를

천하의 왕이라 부른다.

바른 말은 마치 반대되는 듯하다.

*易(역) ; 바꾸다. 易(이) ; 쉽다, 용이하다, 간편하다.

*剛(강) ; 굳세다, 강직하다, 억세다, 단단하다.

*垢(구) ; 때, 먼지, 더러운(불결한) 것.

*社稷(사직) ; 토지신(土地神)과 곡식신(穀食神)이라는 뜻
　으로서, 옛날에 임금이 국가의 무사(無事) 안녕을 기원
　하기 위하여 사직단(社稷壇)에서 토지의 신과 곡식의 신
　에게 제사를 지냈으므로 사직은 국가의 기반, 또는 국가
　라는 뜻으로 변했다.

*不祥(불상) ; 상서(祥瑞)롭지 못함, 불길함.

■ 天下莫柔弱於水 而攻堅强者莫之能勝
천 하 막 유 약 어 수　이 공 견 강 자 막 지 능 승

以其無以易之
이 기 무 이 역 지

"천하에 물만큼 부드럽고 약한 것이 없지만, 단단하고
강한 것을 공격하는 데는 그보다 나은 것이 없으니, 이를 바
꿀 수 있는 것이 없다."

【成語】유능제강(柔能制剛) ; "부드러운 것이 능히 단
단한 것을 이긴다."

노자가 말한 진정한 강함이 무엇인지는 다음 글에 잘 드러나 있다. "세상에 부드럽고 약하기로는 물보다 더한 것이 없다. 더구나 견고하고 강한 것을 공격하는 데는 능히 이보다 나은 것이 없다. 약한 것이 강(强)한 것을 이기고, 부드러운(柔) 것이 굳센(剛) 것을 이긴다. 천하에 이런 사실을 모르는 사람이 없지만 행할 줄 모른다(天下莫柔弱於水 而攻堅者莫之能勝 以其無以易之 弱之勝強. 柔之勝剛. 天下莫不知莫能行)."

76장에서도, "사람도 대어날 때에는 부드럽고 약하나, 그 죽음에 이르러서는 굳고 강해진다. 풀과 나무도 생겨날 때에는 부드럽고 연하지만, 그 죽음에 이르러서는 마르고 굳어진다. 그러므로 굳고 강한 것은 죽음의 무리이고, 부드럽고 약한 것은 삶의 무리다. 또한 군대가 강하면 멸망하고, 나무는 강하면 꺾인다. 강하고 큰 것은 아래에 위치하고 부드럽고 약한 것은 위에 자리한다."

이러한 『유능제강』을 다르게 표현한 책으로 병법서 《육도삼략(六韜三略)》이 있다. "부드러움은 능히 굳셈을 제어하고, 약한 것은 능히 강함을 제어한다. 부드러움은 덕이고, 굳셈은 도둑이다. 약함은 사람을 돕는 것이고, 강함은 사람을 공격하는 것이다."

■ 受國之垢 是謂社稷主
　수 국 지 구 　시 위 사 직 주

"나라의 더러운 것을 받아내는 자를 일러 사직의 주인이라 부른다."

{나라의 주인이 되는 자는 나라에서 가장 때가 묻은 더러운 점을 스스로 짊어질 만한 용의가 있어야 한다. 군주 된 자는 만민의 죄를 자기가 짊어져야 하는 것이다.}

■ 正言若反
　정 언 약 반

"바른 말은 마치 반대되는 듯하다."

{ "나라의 더러운 것을 받아내는 자를 일러 사직의 주인이라 부르고, 나라의 상서롭지 못한 일을 끌어안는 자를 천하의 왕이라 부른다." 그런데 "세속에서는 더러움(垢)을 끌어안는 것을 치욕으로 생각하고, 불길함을 재앙으로 생각하기 때문에" 올바른 말은 세속에 반한다는 것을 보여주기 위해서 이렇게 이야기했다.

"부드러움이 단단함을 이기고, 양보하는 자가 앞서간다. 공을 세우고도 이름을 내세우지 않고, 빛나도 눈부시지 않고, 곧아도 방자하지 않다." 『정언약반』은 《도덕경》에서 항상 등장하는 노자의 어법이라 할 수 있다.}

제79장

하늘의 도는 더 친하고 덜 친함이 없지만 언제나 착한 이와 함께 한다

┃ 和大怨, 必有餘怨, 安可以爲善. 是以聖人執左契, 而不責於 人. 有德司契, 無德司徹. 天道無親 常與善人. ┃

큰 원망은 누그러뜨려도
꼭 남은 원망이 있으니,
이것을 어떻게 잘했다고 할 수 있는가?
그러므로 성인은 좌계(左契)를 가지고도,
남에게 (약속의 이행을) 책임지우지 않는다.
덕을 쌓은 이는 약속을 지키고,
덕이 없으면 세금을 맡는다.
하늘의 도는 더 친하고 덜 친함이 없지만,
언제나 착한 이와 함께 한다.

*怨(원) ; 원망하다, 증오하다, 나무라다.
*安(안) ; 어찌, 편안하다.
*左契(좌계) ; 둘로 나눈 부신(符信 ; 증표 나누어 서로 지

니다가 뒷날 맞추어 증거로 삼은 물건)의 왼쪽의 것 하
나를 자기 손에 두어 좌계로 하고, 다른 것을 상대방에
게 주어 우계(右契)로 함.

*責(책) ; 요구하다, 책임지우다.

*司(사) ; 맡다, 엿보다, 살피다.

*徹(철) ; 통하다, 꿰뚫다, 관통하다.

■ 和大怨 必有餘怨

"큰 원망은 누그러뜨려도 꼭 남은 원망이 있다."

{남에게 한번 큰 원망을 주게 되면 그 원망을 풀어 주어
도 반드시 남은 원망이 뒤를 따르는 법이다.}

■ 是以聖人執左契 而不責於人

"그러므로 성인은 좌계(左契)를 가지고도, 남에게 (약속
의 이행을) 책임지우지 않는다."

{『좌계(左契)』는 둘로 나눈 부신(符信) 가운데 왼쪽 것
을 이르는데, 하나를 자기 손에 두어 좌계로 하고, 다른 것
을 상대방에게 주어 우계(右契)로 한다. 곧 약속의 증표인
것이다. 『계(契)』는 글자를 새겨 넣은 나무쪽을 가리킨다.

옛날 종이가 없을 때 나무에다 일정한 내용을 적어놓고 그 것을 둘로 쪼개서 그 약속과 관련된 당사자가 나누어 가졌 는데, 그 나무를 『계(契)』라고 한다. 『契』는 큰 약속(大 約)을 의미하는데, 그렇기 때문에 『契』라는 글자에 아래 변에 『대(大)』자가 들어갔다. 또 『契』의 원래 글자는 『계(挈)』라고 해서, 나무 문서이기 때문에 아래에 『木』 자를 썼다는 주장도 있다.}

■ 天道無親 常與善人
　천 도 무 친　상 여 선 민

　"하늘의 도는 더 친하고 덜 친함이 없지만, 언제나 착한 이와 함께 한다."

　{하늘이 하는 일에는 사사로운 친소(親疎)가 없다. 오직 착한 사람과 함께할 따름이다.

　사마천은 《사기(史記)》에서 이렇게 말하고 있다.

　"천도(天道)가 공평무사하고 항상 선인(善人) 편에 있 다고 한다면, 인덕(仁德)을 쌓고 행위를 정결하게 했는데도 수양산에서 굶어죽은 백이 숙제는 선인이 아니었더란 말인 가?"

　그리고 공문(孔門)의 수석 제자인 안회(顔回)가 쌀겨도 넉넉히 먹지 못하다가 요절하고 만 것과, 이와 반대로 포학

무도하기 극에 이르렀던 최대의 대도적인 도척(盜跖)이 마침내는 천수(天壽)를 다했던 예를 들면서, 공평무사하고 항상 선인 편에 있다고 하는 『하늘』이 현실에 있어서는 전연 반대임을 말하며 『하늘』에 대한 불신을 표명하기에 이르고 있다.

"이상은 가장 그 모순이 두드러진 것들의 예이다. 그 밖의 근세에 이르러서는 그 하는 짓들이 방종하여 남에게 못할 짓을 마음대로 하고도 종신토록 호강하며 살고, 부귀가 자손에게까지 이어지는 예도 적지 않다. 이런 일에 비하여 걸음 한 번을 내딛는데도 땅을 가려서 밟고, 말을 한 마디 하는데도 적당한 때에 당해서만 말하며, 길을 가는데도 지름길을 가지 않고, 공정한 일이 아니면 분발하지 않았음에도 불구하고 오히려 재앙을 만나는 일이 헤아릴 수 없이 많다. 이런 일은 나를 아주 당혹케 만든다. 이른바 하늘의 도리라고 하는 것은 과연 옳은 것인가, 그른 것인가(天道是也非也)?"

착한 사람은 당연히 복을 받아야 하며, 악한 사람들은 응당 화를 입어야 한다는 명제는 올바른 명제이며, 세상은 마땅히 그리 되어야만 하는 것인가?)

제80장

나라를 작게 하고, 백성을 적게 하라

| 小國寡民. 使有什伯之器而不用. 使民重死而不遠徙. 雖有
舟輿, 無所乘之, 雖有甲兵, 無所陳之. 使民復結繩而用之. 甘
其食, 美其服, 安其居, 樂其俗. 隣國相望, 鷄犬之聲相聞. 民
至老死, 不相往來. |

나라를 작게 하고, 백성을 적게 하라.

비록 각양각색의 기구가 있어도 쓰지 않게 하고,

백성이 죽음을 중히 여기고 멀리 이주하지 않게 하면,

배와 수레가 있어도 타고 갈 곳이 없고,

갑옷과 병기가 있어도 쓸 일이 없다.

백성이 다시 새끼줄을 꼬아서 쓰게 하면,

그 먹는 음식을 맛있게 여기고,

그 입는 옷을 아름답게 여기며,

그 사는 곳을 편히 여기고,

그 풍속을 즐겁게 여긴다.

이웃 나라가 서로 바라보이고,

닭 울음소리와 개 짖는 소리가 서로 들려도,

백성은 늙어 죽도록

서로 왕래하지 않는다.

*什(십) ; 여러 가지의, 가지각색의, 십, 열.

*什伯(십백) ; 什은 열 배, 伯은 백 배. 이때 伯은 百과 같
 다.

*徙(사) ; 옮기다, 이사하다.

*舟輿(주여) ; 배와 수레.

*乘(승) ; 타다.

*甲兵(갑병) ; 갑옷과 병기

*陳(진) ; 진열하다, 차려 놓다, 벌여 놓다.

*結繩(결승) ; 옛날에 글자가 없었던 시대에, 노끈으로 매
 듭을 맺어서 기억의 편리를 꾀하고 또 서로 뜻을 통했
 다.

*隣國(인국) ; 이웃 나라.

■ 小國寡民
  소 국 과 민

 "나라를 작게 하고, 백성을 적게 하라."

 [작은 나라에 적은 백성. 문명의 발달 없는 무위(無爲)와
무욕(無慾)의 이상사회를 이르는 말이다. 문명의 발달이 생

활을 풍부하고 화려하게 하지만, 인간의 노동을 감소시키고 게으름과 낭비와 생명의 쇠퇴현상을 가져온다고 하면서 소박하고 작은 『소국과민』의 사회를 도연명의 《도화원기》에 나오는 『무릉도원(武陵桃源)』과 같은 이상사회, 이상국가로 보았다.

그러나 『소국과민』은 노자가 거의 대부분의 장에서 천하와 대국을 이야기했지 소국을 이야기한 적이 없다. 따라서 이 장의 본뜻은, "성인은 비록 대국을 다스리더라도 오히려 작게 생각하여 검약하고 사치하지 않으며, 백성이 비록 많더라도 오히려 적게 여겨 그들을 수고롭게 하지 않는다."라고 하는 것이 옳은 해석일 것이다.

노자는 실제로 작은 나라나 적은 백성을 지향한다는 뜻이 아니라, 작은 나라, 적은 백성을 가진 것처럼 행동하고 다스려야 한다는 의미이며, 노자의 이상향이라기보다는 통치자의 다스림의 또 다른 표현으로 볼 수 있다.}

【成語】 소국과민(小國寡民) ; "나라를 작게 하고, 백성을 적게 하라."

나라도 작고 백성도 적은 것이 『소국과민』이다. 이른바 약소국가를 가리킨 말 같은데, 실은 그것이 아니고 가장 평화롭고 이상적인 사회를 가리켜 한 말이다. 이것은 노자가 그린 이상사회다.

"나라는 작고 백성은 적으며 여러 가지 기구가 있어도 쓰지 않게 된다. 백성들은 생명이 중한 것을 알아 멀리 떠나가는 일도 없고, 배며 수레가 있어도 타고 갈 곳이 없으며, 무기가 있어도 쓸 곳이 없다. 백성들도 다시 옛날로 돌아가 글자 대신 노끈을 맺어 쓰게 하고, 그들의 먹는 것을 달게 여기고, 그들의 입는 것을 아름답게 여기며, 그들의 삶을 편안히 여기고, 그들의 관습을 즐기게 한다. 이웃 나라끼리 서로 바라보며 닭 울음과 개 짖는 소리가 서로 들리지만, 백성들은 늙어 죽도록 서로 가고 오는 일이 없다."

부드럽고 약한 것을 소중히 여기고 무위(無爲)와 무욕(無慾)을 강조하고 있는 노자가 그의 이상사회를 그려 본 것이 이 『소국과민』이다. 노자의 사상을 많이 띠고 있는 도연명의 《도화원기(桃花源記)》에 나오는 『무릉도원』도 이 노자의 『소국과민』사상에서 나온 것으로 볼 수 있다.

제1차 세계대전 후로 대두되고 있는 다원적 국가관도 이 『소국과민』의 사상이 다소 깃들어 있다고 보아야 할 것이다. 또 오늘날 중립을 지키며 평화롭게 살아가는 작은 나라들을 볼 때 『소국과민』주의가 세계평화를 가져올 수 있는 유일한 길인 것도 같다.

■ 隣國相望 鷄犬之聲相聞 民至老死不相往來
_{인 국 상 망 계 견 지 성 상 문 민 지 노 사 불 상 왕 래}

"이웃 나라가 서로 바라보이고, 닭 울음소리와 개 짖는 소리가 서로 들려도, 백성은 늙어 죽도록 서로 왕래하지 않는다."

【成語】 노사불상왕래(老死不相往來) ; 피차에 아무런 관계가 없음.

"늙어서 죽을 때까지 서로 가고오지 않는다." 라는 뜻으로, 사람늘이 늙어 숙기까지 한 번도 왕래하지 않아 서로 관계가 없음을 비유하는 말이다.

전한(前漢)의 사가(史家) 사마천(司馬遷)이 저술한《사기》화식열전 가운데 도가(道家)의 창시자인 노자의 말을 인용한 다음 구절에서 나온 말이다.

"두 나라가 인접해 있으면서 서로 바라다보고 닭이나 개와 같은 짐승들의 소리마저 들리지만, 두 나라 백성들은 각기 자기 나라의 음식을 먹고 자기 나라의 아름다운 옷만 입고 자기의 생활 관습대로 살며 유쾌하게 자기의 할 일을 하면서 서로 죽을 때까지도 왕래하지 않을 수 있다(至老死不相往來)."

이처럼 사마천은 노자의 말을 첫머리에 인용하면서,

"노자의 이런 말은 지금에는 불가능한 일이다" 라고 지

적하였다. 그러나 이 성구는 여전히 의미심장하게 지금까지도 쓰인다.

그리고 "닭 울음소리와 개 짖는 소리가 서로 들린다."는 『계견상문(鷄犬相聞)』의 원래의 뜻은 "동쪽 닭과 서쪽 개가 우는 소리가 들린다" 는 뜻으로, 닭 우는 소리와 개가 짖는 소리가 여기저기에서 들린다 하여, 인가(人家)가 잇대어 있음을 이르는 말이다.

제81장

믿음직한 말은 아름답지 못하고
아름다운 말은 믿음직하지 않다

信言不美, 美言不信. 善者不辯, 辯者不善. 知者不博, 博者
不知, 聖人不積. 既以爲人己愈有, 既以與人己愈多. 天之道,
利而不害. 聖人之道, 爲而不爭.

믿음직한 말은 아름답지 못하고,
아름다운 말은 믿음직하지 않다.
착한 이는 말을 잘하지 못하고,
말을 잘하는 이는 착하지 않다.
아는 이는 박학하지 못하고,
박학한 이는 알지 못한다.
성인은 쌓아놓지 않으니,
이미 다른 이를 위하기 때문에 자기는 더 가지게 되고,
이미 다른 이에게 주기 때문에 자기는 더 많아진다.
하늘의 도는 이롭게 하여 해치지 않고,
성인의 도는 이루면서도 싸우지 않는다.

*辯(변) ; 말을 잘하다.

*博(박) ; 넓다, 깊다, 많다, 크다.

*愈(유) ; (병이) 낫다, 뛰어넘다, 능가하다, …보다 낫다.

■ 信_신言_언不_불美_미 美_미言_언不_불信_신

"믿음직한 말은 아름답지 못하고, 아름다운 말은 믿음직하지 않다."

{참된 말은 소박하지만, 번지르르한 말은 믿음성이 없다. 진실함이 있는 말은 결코 아름답게 꾸민 것이 아니고, 또한 꾸민 말에는 진실함이 없다.}

■ 善_선者_자不_불辯_변 辯_변者_자不_불善_선

"착한 이는 말을 잘하지 못하고, 말 잘하는 이는 선하지 않다."

{어진 사람은 말재주를 피우지 않고, 말재주를 피우는 사람은 어질지 못하다. 말을 번드르르하게 잘하는 사람이 그 말을 따라갈 만한 행동을 보여주지 못한다는 것은 예나 지금이나 마찬가지고, 따라서 말 잘하는 사람 조심하라는 것은 생활 속에서 쉽게 얻을 수 있는 교훈이다.

  공자도 《논어(論語)》〈학이편(學而篇)〉에서, "교묘한 말과 아첨하는 얼굴을 하는 사람은 어진 사람이 적다(巧言令色, 鮮矣仁)"라고 하였다.

  교언(巧言)과 영색(令色)은 이외에도 〈공야장편(公冶長篇)〉, 〈양화편(陽貨篇)〉 등에 여러 번 나왔을 만큼 공자는 듣기 좋은 말과 행동으로 상대방을 현혹시키고 속이는 것을 경계하였다.]

| 고사성어 색인 |

도가도비상도(道可道非常道) ; "도를 도라고 말할 수 있으면 진정한 도가 아니다." 말로 할 수 있는 도(道)는 늘 그러한 도가 아니라는 뜻으로, 도(진리)는 말로써 한정할 수 있는 성질의 것이 아님을 일컫는 《노자도덕경(老子道德經)》 사상의 중심 개념이다. / 20

유무상생(有無相生) ; "있고 없음은 서로 상대하기 때문에 생겨난 것"이란 뜻으로, 세상만물의 이치를 상대적인 관점에서 볼 것을 이르는 말이다. 있다는 것은 없다는 것을 전제로 했을 때에만 드러나는 것이다. 이 말은 모든 세상 사물과 자연의 이치가 상대적인 비교에서만 파악할 수 있다는 것으로 불교의 '색즉시공 공즉시색(色卽是空空卽是色)'이라는 말과도 통한다. / 27

화광동진(和光同塵) ; 『화광(和光)』은 빛을 부드럽게 한다는 뜻이고, 『동진(同塵)』은 세상 사람들과 함께 하는 것을 말한다. 빛을 감추고 속진(俗塵)에 섞인다는 말이다. 즉 자기가 가지고 있는 지혜 같은 것을 자랑하는 일이 없이 오히려 그것을 흐리고 보이지 않게 하여 속세 사람들 속에

묻혀버리는 것을 말한다. / 38

다언삭궁(多言數窮) ; "말이 많을수록 자주 궁색해진다." 그러므로 그 중(中)을 지키는 것만 못하다. 노자는 제23장에서도 "말을 적게 하는 것이 자연스럽다(希言自然)."고 한 것을 비롯하여 《도덕경》의 여러 장에 걸쳐 『말이 많음(多言)』을 경계하였다. / 44

상선약수(上善若水) ; 지극히 선한 것은 마치 물과 같다는 뜻으로, 노자사상에서 물은 만물을 이롭게 하면서도 다투지 아니하는 이 세상에서 으뜸가는 선의 표본으로 여겨 이르는 말. / 53

금옥만당(金玉萬堂) ; 금옥관자(金玉貫子)가 집안에 가득하다는 뜻으로, 어진 신하가 조정에 가득함을 비유하여 이르는 말이다. / 58

공수신퇴(功遂身退) ; 공을 이루고 난 뒤에는 이내 물러나야 한다. 지위나 재화 등 어떤 것을 자신이 수용할 수 있는 이상으로 갖게 되더라도 거기서 멈추고 더 이상 욕심내지 않아야 한다는 뜻이다. / 59

수총약경(受寵若驚) ; "총애를 받는 것을 놀란 것같이 한다"라는 뜻으로, 누군가로부터 뜻밖의 총애를 받게 되어 기뻐 놀라워하면서도 마음 한 구석으로는 불안을 느낀다는

말이다. / 73

대도폐언유인의(大道廢焉有仁義) ; 큰 도가 무너지자 인의가
있다는 말로, 인위적인 도덕과 윤리에 얽매이면서부터 사
람이 참된 진리를 잊었다는 뜻. 사회적 가치 기준을 지나
치게 강조하여 자연스런 개인의 사고나 행동을 제약해서
는 안된다는 뜻이다. 오늘날에는 지나치게 형식과 원칙에
얽매여 사고나 행동이 유연하지 못한 경우를 빗대어 사용
하기도 한다. / 95

절성기지(絶聖棄智) ; "성스러우니 지혜로우니 하는 것들을
완전히 끊어버린다"는 뜻으로, 소박한 그대로 두어 사사
로운 욕심을 나지 않게 하라는 말이다. / 99

희언자연(希言自然) ; 말을 아끼는 것이 자연의 道이다. 『희
언』은 말하자면 "말없는 말, 말하지 않는 말함"이라는
뜻이다. 형이상학적인 최고의 도리는 적당한 문자로 표
현할 수 없는데, 이것이 바로 『희언』의 뜻이라 할 것이
다. / 117

무위자연(無爲自然) ; 아무런 손이 가지 않은, 있는 그대로의
자연. 인위적인 손길이 가해지지 않은 자연을 가리키는
데, 자연에 거스르지 않고 순응하는 태도를 가리키기도
한다. 무위(無爲)는 중국 철학에서 주로 도가(道家)가 제

창한 인간의 이상적인 행위를 이르는 말로서, 자연법칙에 따라 행위하고, 인위적인 작위를 하지 않는다는 말이다. / 127

자승자강(自勝者强) ; 자신을 이기는 것을 강(强)이라 한다는 뜻으로, 자신을 이기는 사람이 강한 사람임을 이르는 말이다. / 160

지족자부(知足者富) ; 만족할 줄 아는 사람은 부자라는 뜻. "남을 아는 것은 지혜로운 일이다. 그러나 자신을 아는 사람이 참으로 밝은 사람이다(知人者智 自知者明). 남을 이기는 것은 힘이 있는 일이다. 그러나 자기를 이기는 것이 가장 강하다(勝人者有力 自勝者强). 스스로 만족할 줄 아는 사람은 부유하다(知足者富). / 161

이유극강(以柔克剛) ; 부드러운 것으로 강한 것을 이긴다는 말이다. 약한 것이 강한 것을 이기고, 부드러운 것이 억센 것을 이긴다(弱之勝强 柔之勝剛). / 172

대기만성(大器晚成) ; "큰 그릇은 시간을 두고 이루어진다." 는 말로, "크게 될 사람은 늦게 이루어진다." 는 뜻도 있다. 반면, 큰 그릇이란, 특정 크기나 모양으로 한정되어 있지 않고, 더 나은 모습에 도달하기 위하여 부단히 노력하는 과정의 연속이므로 궁극적 목적을 향해 한없이 가되 이루

어짊은 없는 『대기만성(大器晩成)』이 아닌 『대기면성(大器免成)』이라고 해야 하지 않을까? / 188

융마생교(戎馬生郊) ; 군마(軍馬)의 새끼가 국경에서 태어난다는 뜻으로, 이웃나라와의 사이에 전쟁이 끊이지 않음을 이르는 말이다. / 201

무위(無爲) ; 무위는 자연법칙에 따라 행위하고 인위적인 작위를 하지 않는다. 유가(儒家)는 목적 추구의 의식적 행위인 유위(有爲)를 제창했으나, 도가는 유위를 인간의 후천적인 위선(僞善) · 미망(迷妄)이라 하여 이를 부정하는 무위를 제창했다. / 205

물장즉노(物壯則老) ; 사물은 왕성하면 할수록 일찍 쇠퇴한다. 불변의 자연법칙을 의미하기도 하지만, 사용하기에 따라서 상대방의 흥성하는 기세를 시기하는 뜻이 담긴 표현이 될 수도 있다. / 228

지자불언언자부지(知者不言言者不知) ; "아는 사람은 말하지 않고, 말하는 사람은 알지 못한다." 말의 중요성을 일깨우고, 말로 인한 오류를 경계하는 말이다. 참으로 아는 사람(知者)은 자신이 아는 것을 말로 드러내지 않으며, 자신이 아는 것을 말로 드러내는 사람은 참으로 아는 사람이 아니라는 말이다. / 230

화광동진(和光同塵) ;『화광(和光)』은 빛을 부드럽게 한다
는 뜻이고, 『동진(同塵)』은 "빛을 감추고 속진(俗塵)에
섞인다"는 뜻으로, 세상 사람들과 함께 하는 것을 말한다.
즉, 자기가 가지고 있는 지혜 같은 것을 자랑하는 일이 없
이 오히려 그것을 흐릿하게 하여 속세 사람들 속에 묻혀버
리는 것을 말한다. / 231

무위이화(無爲而化) ; 아무것도 하지 않음으로써 교화한다는
뜻으로, 억지로 꾸밈이 없어야 백성들이 진심으로 따르게
된다는 말. 도(道)는 스스로 순박한 자연을 따른다는 무위
자연(無爲自然)을 주장하며, 백성을 교화함에 있어서 잔꾀
를 부려서는 안 된다는 뜻이다. / 237

무위이치(無爲而治) ; 하는 일이 없이 정치를 하다. 성인의 덕
은 지대하여서 아무 일도 하지 아니하여도 저절로 다스려
지는 정치를 이르는 말이다. / 238

광이불요(光而不耀) ; "빛나지만, 눈부시지 않는다." 밝고 빛
나는 것은 좋은 것이다. 그러나 그 빛이 너무 밝게 빛나서
는 안 된다. 사람의 수양도 밖으로 환하게 빛나게 해서는
안 된다. 성인(聖人)의 처신을 이른다. / 244

약팽소선(若烹小鮮) ; "큰 나라를 다스리는 것은 작은 생선
을 삶는 것과 같다."는 뜻으로, 가만히 두고 지켜보며 조

심히 기다리는 정치를 비유하는 말이다. / 250

사불급설(駟不及舌) ; "네 마리 말도 혀에는 미치지 못한다."
는 뜻으로, 입에서 나온 말은 삽시간에 퍼진다. 말을 조심
하라. / 257

보원이덕(報怨以德) ; "원수를 덕으로 갚으라."는 말이다.
예수의 "오른쪽 뺨을 때리거든 왼쪽 뺨도 내놓으라." 하는
교훈 역시 이 말처럼 원한에 대해 대처해야 할 인간의 태
도를 말한 것이라고 생각되지만, 노자 쪽이 상대에게 덕을
베풀라고 말한 점에서 보다 적극적이다. 또 그리스도의 경
우는 인인애(隣人愛)에 대한 비장한 헌신을 느끼는 데 반
해 노자의 경우는 그 무언지 흐뭇한 느낌이 든다. / 260

천리지행시어족하(千里之行始於足下) ; "천릿길도 한 걸음부
터 시작된다." 라는 뜻으로, 모든 일은 시작이 중요하며,
작은 일이 쌓여서 큰 성과를 이루게 됨을 비유하는 성어
로 사용된다. / 267

진촌퇴척(進寸退尺) ; "한 치를 나아가고 한 자를 물러난다"
라는 뜻으로, 얻는 것은 적고 잃는 것은 많다는 말. / 284

피갈회옥(被褐懷玉) ; "겉에는 거친 베옷을 입고 있으나 속에
는 옥을 품고 있다." 라는 뜻으로, 현인이 세상에 모습을
드러내려고 하지 않음을 비유하여 이르는 말. / 288

천망회회(天網恢恢) ; 하늘이 친 그물은 하도 커서 얼른 보기에는 엉성해 보이지만, 이 그물에서 빠져나가지 못한다는 뜻이다. 즉 악한 사람이 악한 일을 해도 금방 벌을 받고 화를 입는 일은 없지만, 결국 언젠가는 자기가 저지른 죗값을 치르게 된다는 말이다. / 298

유능제강(柔能制剛) ; "부드러운 것이 능히 단단한 것을 이긴다." 사람도 태어날 때에는 부드럽고 약하나, 그 죽음에 이르러서는 굳고 강해진다. 풀과 나무도 생겨날 때에는 부드럽고 연하지만, 그 죽음에 이르러서는 마르고 굳어진다. 그러므로 굳고 강한 것은 죽음의 무리이고, 부드럽고 약한 것은 삶의 무리다. / 311

소국과민(小國寡民) ; "나라를 작게 하고, 백성을 적게 한다"는 뜻으로, 부드럽고 약한 것을 소중히 여기고 무위(無爲)와 무욕(無慾)을 강조하고 있는 노자가 그의 이상사회를 그려 본 것이 이『소국과민』이다. / 320

노사불상왕래(老死不相往來) ; "늙어서 죽을 때까지 서로 가고 오지 않는다." 라는 뜻으로, 사람들이 늙어 죽기까지 한 번도 왕래하지 않아 서로 관계가 없음을 비유하는 말이다. / 320

| 명문동양문고 |

노자 名言 100 道德經

| 초판 인쇄일 / 2019년 11월 13일

| 초판 발행일 / 2019년 11월 18일

☆

| 엮은이 / 金東求

| 펴낸이 / 金東求

| 펴낸데 / 明文堂 (창립 1923년 10월 1일)

　서울특별시 종로구 윤보선길 61(안국동)

　우체국 010579-01-000682

　☎ (영업) 733-3039, 734-4798

　　(편집) 733-4748

　　FAX.　734-9209

| e-mail : mmdbook1@hanmail.net

| 등록 1977. 11. 19. 제 1-148호

☆

| ISBN　979-11-90155-24-3　03140

☆

값 10,000 원 (낙장이나 파본은 구입하신 서점에서 교환해 드립니다.)